Scientific publications
1976 - 1986
- and their stories...

Publications in Norwegian Ornithological and Zoological Periodicals

Asbjørn Sollien

To my wonderful daughters Madclainc (right) Evelyn and Leela - so they will know what happened far away, a long time ago……..

Table of content.

Front cover: Male Three-toed woodpecker.

The Northern Goshawk – a species endemic to the coniferous forests along the Swedish border of Eastern Norway.

Introduction

As a youngster living at the edge of the large Finn Forest along the Swedish border, my knowledge about birds came naturally. Birds were all around me, spring, summer, autumn and winter, and everybody knew the most common birds by name, watching their nests during the summer or feeding them during the winter.

In the spring of 1968, when I was 14 years old, I started to make systematic notes about what I saw, and where. My cousin, Jan Erik Fosseidengen, who lived a few hundred yards away, shared my interest. We went bird watching at all times of the year to find species never before seen in our area - or something new and undiscovered in the science of birds.

In 1970 we made contact with a person who would have great impact on our bird watching and collection of scientific data - Birger Nesholen was already locally recognized as the best amateur ornithologist. The fusion of our forces created an environment for biological research resulting in an exceedingly productive period of 5 years, spawning a multitude of new ornithological data subsequently published during the following decade – even precipitating the establishment of a wetland bird sanctuary. With tongue in cheek we called our triumvirate "Grue's Institute for the Research of Cultural History and Natural Sciences" – aka "The Institute".

This book reviews our discoveries, which during the thirty five years following their publication on numerous occasions have been referenced in articles, books and ornithological encyclopaedias in several countries in Europe, Canada and the United States.

The Institute at Matredal in 1976, Jan Erik (left) Birger and Asbjørn.

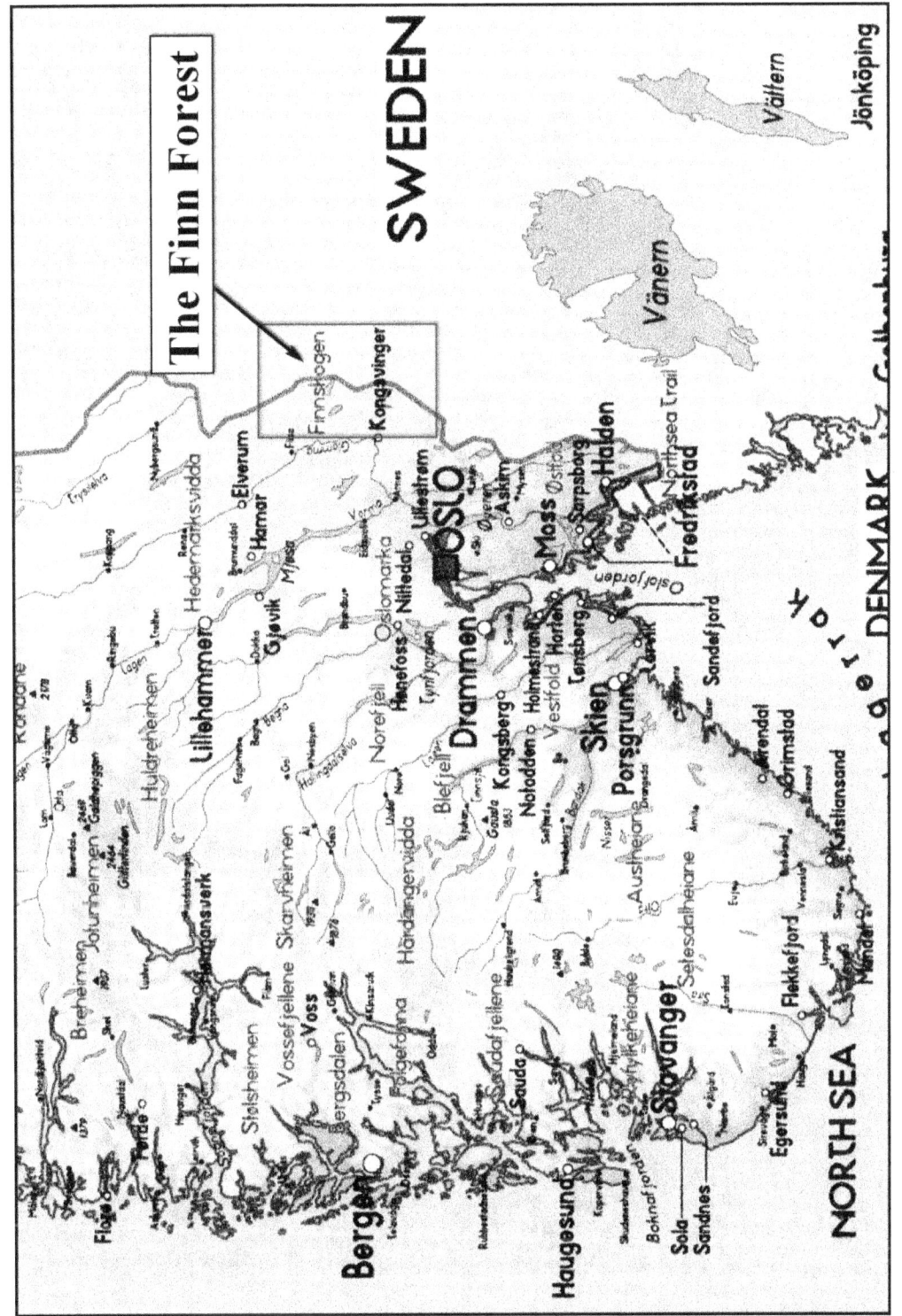

My "home range" – the Finn Forest along the Swedish border.

Scenery from the deep Finn Forest – at the river Rotna.

In memoriam
Gerd Marit Sollien

10.9.1927 – 10.10.2009

My mother, who during the long, dark nights of October 1958 sparked my interest in birds by creating a handbook based on Rolf Vik's field guide "Fuglene i farger" – the Birds in Color. She traced the birds on tracing paper, colored them and put the drawings in a book where she also wrote the comments from the field guide. Overleaf is the page about the small falcon Hobby, a species I co-authored a paper about, analysing the population status and development in Norway – 28 years later………..

LERKEFALK.

Stor som en due! Stemmen kan angis
som vitt - vitt - vitt - vitt, ki - ki - ki -
ki, gikk - gikk - gikk - gikk eller gath, gath, gath
Tuzlu er skjelden hos oss. Er femmel ryggende
på Østlandet. Den har tilhold på åpne
slettelang, hvor det er skogkledt og på øgir
med skog. Den bygger ikke nye reder, men
tar ibruk gamle kråkereder eller andre
store reder i trær. Eggleggning midt i juni.
De 2-4 eggene er gulhvite med rødlenne
og fiolette flekker. Ruges nesentlig av
hunnen i 28. d. Ungene flyr etter 34 d.
Alt bytte fanges i luften. Trekkfugl, som
kommer i april og drar igjen i oktober.

In memoriam
Prof. dr. philos. Svein Haftorn

Asbjørn with Professor Haftorn in a newspaper clipping from 1975.

Our hero and guiding light was Svein Haftorn, Norway's dean of orni-thology. In 1971 he released our "bible", Norges fugler – the Birds of Norway - an 860 page up to date encyclopaedia. Little did I know that four years later I would be Professor Haftorn's assistant at the Zoo--logical Institute, the University of Trondheim, doing field work for his project on population dynamics of chickadees. The project was the first of its kind using video cameras inside nest boxes to be able to follow the birds' nesting behaviour. I collected data on birds tagged with different coloured plastic rings showing their age and place of birth in the area around Haftorn's research station by Målsjøen lake in Klæbu. I then transferred the data to the computer punch cards used in those days, for later analysis of the birds' movements. I worked with Professor Haftorn from 1975 to 1977, a very interesting and educating time, indeed. Sadly, he died from heart failure in 2003, at the age of 78.

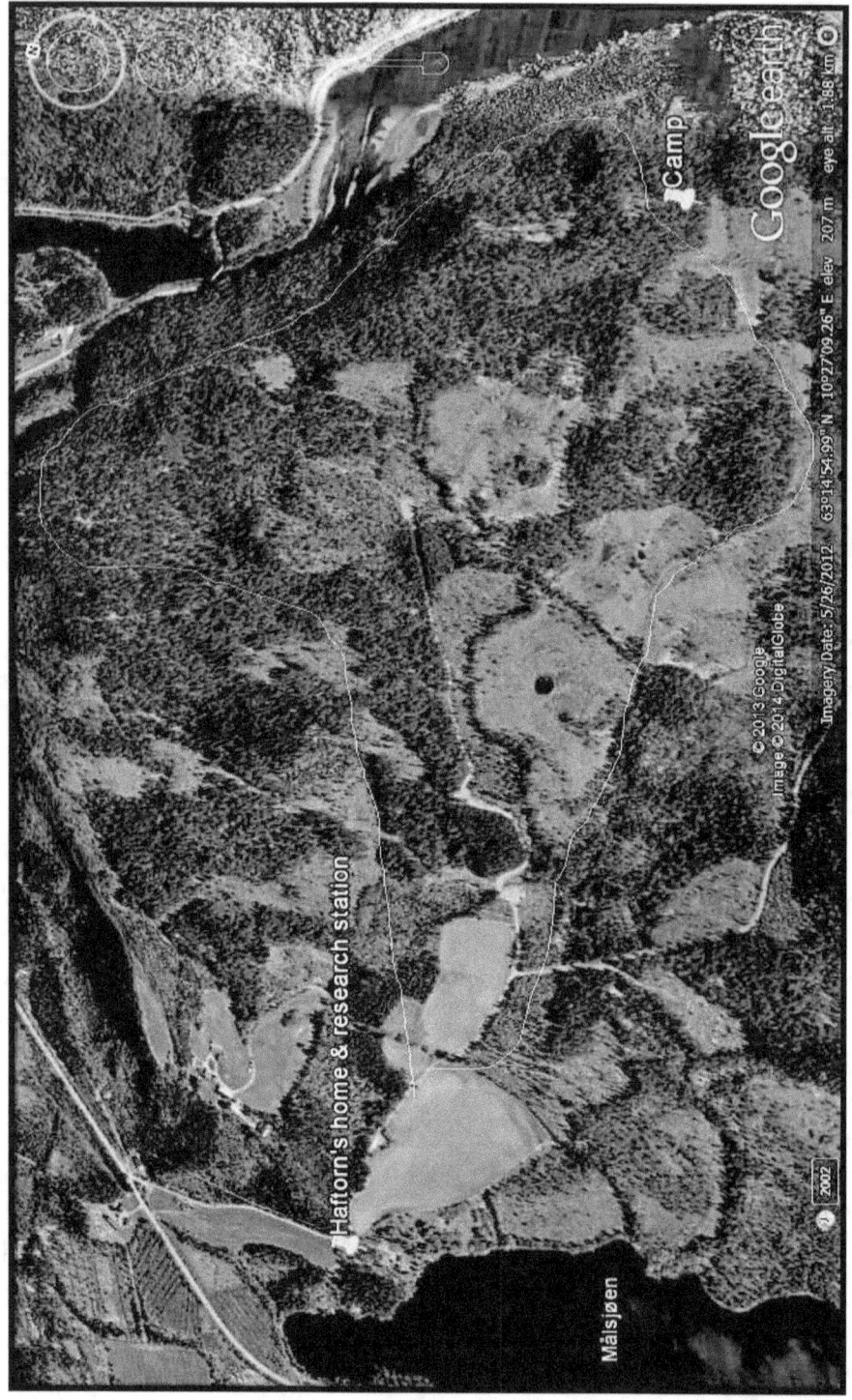

Image by Google earth.
The research area between Målsjøen lake and Nidelva river where I walked the white line (from top left to right, then down and returning) eight times a month for two years, plotting observations of chickadees.

At this site I usually stopped to have a rest and make coffee in a tin can over an open fire (see map on the previous page indicating "camp").

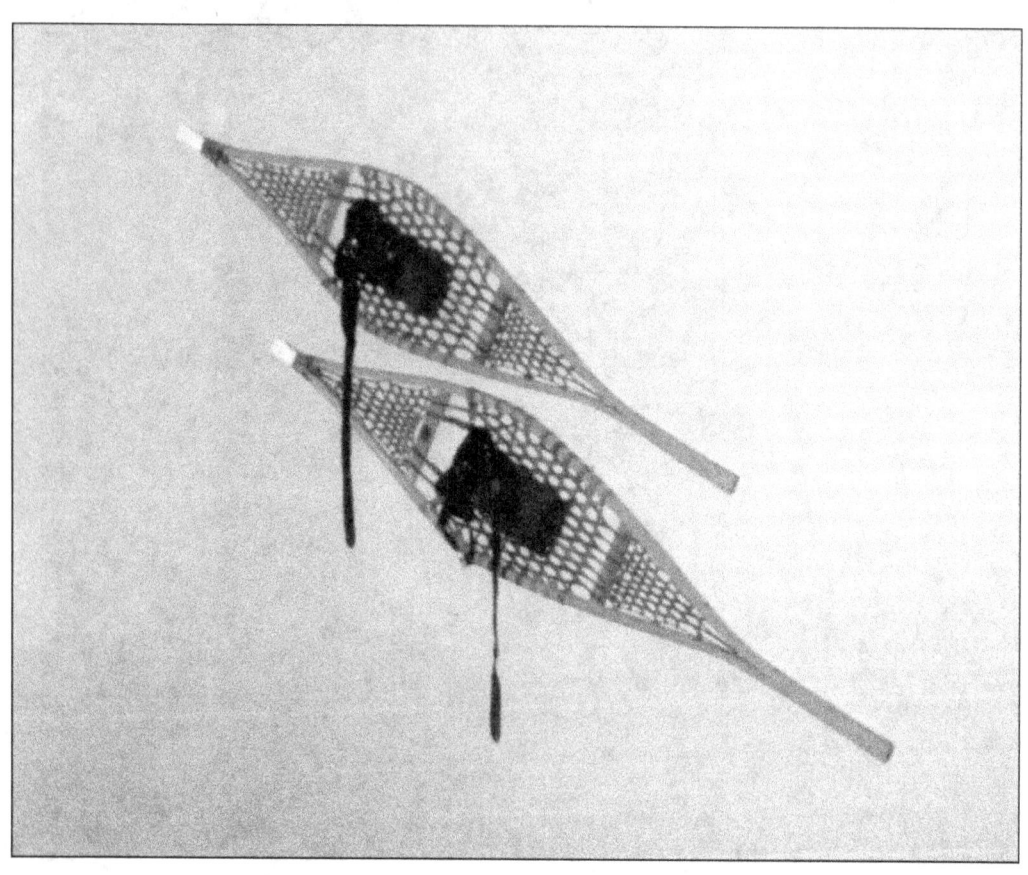

During the winter of 1975/1976 it was a lot of snow in Klæbu – 9 feet deep in certain places. I had to use Canadian snow shoes (5 feet long) to move around in the forest. If I fell on my back, I fell so deep I had to take the snow shoes off down in the depth of the snow, turn around so I could get on my feet and crawl back out.

Asbjørn is writing articles for scientific periodicals on a travel type-writer in his one-room-and-tiny-kitchen apartment, Trondheim 1975.

The birds of Rønnåsmyra bog, Hedmark County.

Published in STERNA, the quarterly periodical of the Norwegian Ornithological Society, in 1976.

Rønnåsmyra was an eccentric, ombrotrophic bog – i.e. a bog receiving its water only from precipitation and with the highest point at one end, clearly showing its "running" motion by the curved, elevated ridges of vegetation. It was the only bog of this kind in TELMA, an international protection plan for bogs. This article was based almost exclusively on Birger's material collected over a many years, hence his name heads the list of authors.

Birger Nesholen

In 1973 we found a nest of Golden plover at Rønnåsmyra bog. It was the first nest discovered in the eastern lowlands of southern Norway.

Ortolan bunting was nesting at the bog, a bird which is now listed as a threatened species.

FUGLEFAUNAEN PÅ RØNNÅSMYRA I HEDMARK

Birger Nesholen, Asbjørn Sollien,
Jan Erik Fosseidengen

Rønnåsmyra i Grue kommune inngår i Statens Naturvernråds landsplan for myrreservater og i det internasjonale verneprosjekt for myrer (IBP — CT — TELMA). I Sør-Norge er i alt 10 myrer prioritert og foreslått vernet som et ledd i disse prosjekter, etter at ca. 400 myrer er undersøkt i felt. En av disse 10 er altså Rønnåsmyra.

Miljøverndepartementet har foreslått myra fredet, og i forbindelse med dette fikk forfatterne våren 1973 i oppdrag å samle alt tilgjengelig materiale om fuglefaunaen vi satt inne med, samt foreta en grundig taksering som skulle vise den aktuelle status for de forskjellige arter på myra. Denne rapporten skulle tjene som et positivt supplement til fredningsforslaget. Artikkelen som her foreligger, er en omredigering av nevnte rapport.

I Miljøverndepartementets utkast til fredningsbestemmelser heter det under «spesielt om Rønnåsmyra»: «Rønnåsmyra er et eksentrisk hvelvet ombrotroft myrkompleks med det høyeste punktet langt nord og med avløp fra myrflaten til alle kanter. Dette er en myrtype som tidligere var rikt representert i de lavere deler av Østlandet (denne myrtypen dannes p.g.a. klimatiske faktorer bare under ca. 500 m o.h.), spesielt var typen velutviklet i det slake terrenget ved Glomma mellom Kongsvinger og Elverum. De aller fleste av disse er imidlertid allerede ødelagt av grøfting, jfr. Reinnmyra.

Utenfor de ombrotrofe partier finnes som regel en markert lagg, denne er imidlertid delvis ødelagt og delvis påvirket av de omliggende jordbruksområder, men de viktige ombrotrofe partiene synes ikke å være påvirket. I NØ der laggen er særlig velutviklet finnes minerotrof vegetasjon. Enkelte steder finnes det diffuse overganger mellom minerotrof og ombrotrof vegetasjon. I dette området finnes flere interessante vegetasjonstyper som det er ønskelig med nærmere studier av.

Samspillet mellom de geologiske, topografiske og klimatiske forhold har gitt seg utslag i et særlig regelmessig oppbygd myrkompleks. Lignende myrkompleks er påvist andre steder (de fleste av disse er allerede gjennomgrøftet), men den regelmessige oppbygningen som Rønnåsmyra har *finnes ikke noe annet sted.* Årsaken til dette er antagelig å finne i de topografiske forhold.

Rønnåsmyra er altså et av de meget få gjenværende eksentrisk ombrotrofe myrkompleks i landet av noen størrelse. Den er representant for en myrtype som tidligere var ganske vanlig i Østlands-området, men som nå er i ferd med å forsvinne. Rønnåsmyra er dessuten av en særlig regelmessig oppbygning. Dels pga. mangel på alternativ, dels pga. den særlig regelmessige oppbygning peker Rønnåsmyra seg ut som det uten sammenligning mest verneverdige myrkompleks av denne typen, og det er den eneste eksentriske, ombrotrofe myra som er med i TELMA-planen.»

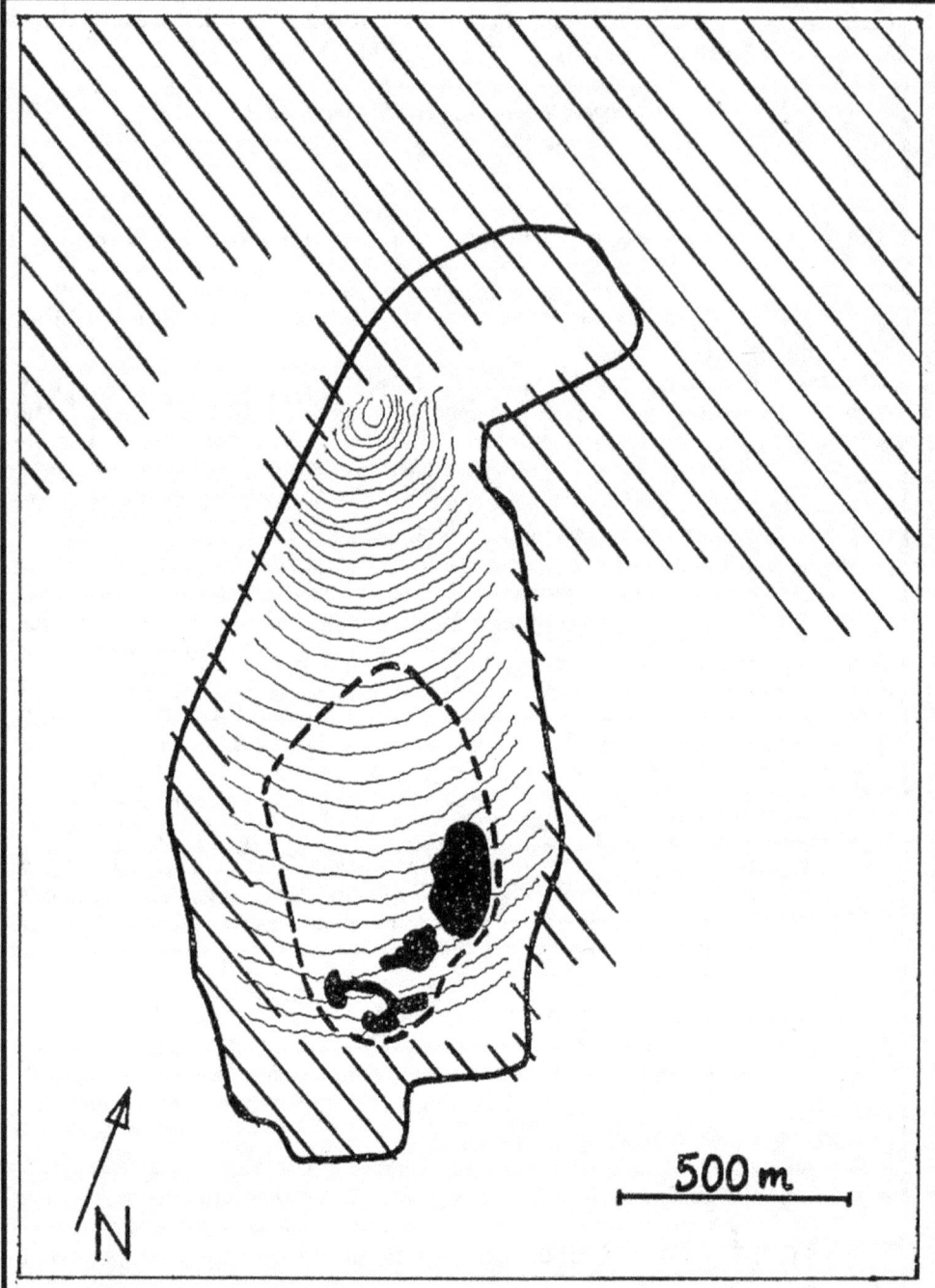

Fig. 1. Skisse av Rønnåsmyra. Skråskravert: Skogkledd. Ikke skravert (utenfor fredningsgrensa): Jordbruksarealer. Stiplet linje: Det våteste partiet. Heltrukket linje: Fredningsgrense.

Rønnåsmyra, midtre og søndre del. Sett fra vest.   Foto: Birger Nesholen.

Bortsett fra dette er Rønnåsmyra en av de fuglerikere lokaliteter i kommunen, og den har vært gjenstand for vår oppmerksomhet med hensyn på dette i noen år nå. På det 1600 da. store arealet som ligger ca. 155 m o.h. er det registrert 90 arter.

Den 12. november 1973 ble myra midlertidig fredet for ett år. Det har vært visse vanskeligheter med å få gjort fredningen permanent, dette pga. grunneierinteresser som delvis faller sammen med interesser i firmaet «Nitedal Torvindustri avd. Bjørkåsen» som har planlagt å nytte myra til produksjon av torvstrø, og allerede har opprettet leiekontrakt med grunneierne. «Nitedal Torvindustri» har i denne forbindelse investert i ny fabrikk ved den nærliggende Reinnmyra etter at den gamle, som sto på samme sted, brant ned til grunnen for noen år siden.

Under arbeidet med innsamlingen av materialet til denne artikkelen har vi hatt hjelp av flere interesserte amatørornitologer og skylder alle stor takk for dette. I denne forbindelse finner vi det riktig å trekke fram lærer Gunder Aas ved Grue Ungdomsskole spesielt. Vi retter også en særlig takk til skolestyrer Kåre Almåsbak ved Grue Ungdomsskole som velvillig stilte skriveteknisk materiell til rådighet under skriving av artikkelen, og til cand. real. Nils Røv ved Universitetet i Trondheim/NLHT for tips vedrørende manuskriptet.

Biotop-beskrivelse.
Rundt toppunktet i den nordlige del av området er myra atskillig tørrere enn lenger sør, noe som tydelig vises av vegetasjonen: Hovedsakelig åpen

Storfugl x)	H *	Varsler	T **
Orrfugl	H *	Stær	***
Jerpe x)	*	Sidensvans x)	T *
Fasan	*	Nøtteskrike	**
Trane x)	***	Skjære	H **
Vipe	H **	Kaie x)	H *
Heilo x)	H *	Kråke x)	H *
Enkeltbekkasin	h **	Ravn	**
Rugde	h **	Jernspurv	h *
Storspove	h **	Munk	h *
Strandsnipe	h **	Løvsanger	H ***
Skogsnipe	h **	Gransanger	*
Grønnstilk	T **	Fuglekonge	h *
Rødstilk	**	Sv/hv fluesnapper	H **
Gluttsnipe	**	Buskskvett	H **
Brushane	T **	Rødstrupe	H ***
Gråmåke x)	T **	Svarttrost	**
Fiskemåke x)	H **	Rødvingetrost	**
Hettemåke x)	H ***	Måltrost	**
Makrellterne x)	T *	Gråtrost	H ***
Ringdue	**	Granmeis	H **
Gjøk	**	Toppmeis	H **
Perleugle x)	H *	Blåmeis	**
Kattugle x)	*	Svartmeis	**
Tårnsvale	***	Kjøttmeis	H ***
Flaggspett	**	Bokfink	h ***
Svartspett	**	Bjørkefink	T **
Vendehals	*	Dompap	**
Lerke	**	Grønnfink	**
Sandsvale x)	*	Grønnsisik	h **
Låvesvale	***	Gråsisik	T ***
Taksvale	***	Grankorsnebb	**
Trepiplerke	H ***	Furukorsnebb	**
Heipiplerke x)	h *	Hortulan x)	H *
Gulerle x)		Sivspurv	H **
Linerle	**	Gulspurv	H ***

Taksering av hekkebestanden.

Materialet er basert på 4 takseringsdager, 6.-9. juli 1973, og 1/4 av myra ble taksert pr. dag. Metoden var linjetaksering på tvers av områdets lengderetning, med start i sørenden av myrflata. Under takseringa var det som oftest 3 personer i arbeid, og vi holdt derfor den avstand mellom oss som til enhver tid, med hensyn til terrenget, var hensiktsmessig for at sannsynligheten for å oppdage hekkende arter var størst mulig. På større flater med gress-, starr- og

91

sivvegetasjon benyttet vi oss av et tau som vi trakk mellom oss for på den måten å øke sjansene for oppdagelse av særlig hardt-trykkende fuglearter. Tidsrom på døgnet for takseringene var fra daggry til kl. 0800-0900. Dessuten ble enkelte nattakseringer foretatt. I og med at registreringene foregikk på et relativt sent tidspunkt i sesongen, må en regne med at f.eks. spurvefuglbestanden har vært større enn våre resultater viser.

Tabell II.
Resultater av takseringene.
H og h: Samme betydning som for tabell I.

Art	Antall terri-torier	H/h	Merknader
Hettemåke	12	H	
Gulspurv	11	H	
Rødstrupe	9	H	
Løvsanger	7	H	
Kjøttmeis	7	H	
Trepiplerke	6	h	
Granmeis	5	H	
Bokfink	5	H	
Fiskemåke	4	H	
Vipe	3	H	
Buskskvett	3	H	
Storspove	2	h	
Lerke	2	h	+ 1 tilfeldig obs.
Heipiplerke	2	h	
Sv/hv fluesnapper	2	H	
Gråtrost	2	H	+ noen tilfeldige obs.
Hortulan	2	H	
Sivspurv	2	H	
Toppand			1 par fast tilhold
Heilo	1	H	
Strandsnipe	1	h	
Gulerle	1	h	
Jernspurv	1	h	
Fuglekonge	1	h	+ 1 tilfeldig obs.
Svarttrost	1	h	
Måltrost	1	h	
Toppmeis	1	H	
Kaie	1	H	
Hegre			1 observasjon

Art	Antall terri-torier	H/h	Merknader
Krikkand			Tilfeldige obs.
Trane			—»—
Skogsnipe			1 observasjon
Gluttsnipe			—»—
Ringdue			Tilfeldige obs.
Gjøk			—»—
Tårnsvale			Vanlig forekommende
Flaggspett			Flere smier i området
Låvesvale			Vanlig forekommende
Taksvale			—»—
Linerle			Tilfeldige obs.
Stær			—»—
Skjære			—»—
Kråke			—»—
Dompap			1 observasjon
Grønnsisik			Tilfeldige obs.

Artskommentarer.

Smålom, *Gavia stellata*. Sett første gang ca. 25. august 1968. Også sett sommeren 1969. I 1970 2 ad. med 2 ikke flyvedyktige unger den 7. juli. Reir med 2 egg funnet 26. mai 1971; reiret tomt 4. juni. Ifl. Haftorn 1971 er dette sannsynligvis en av Norges sørligste hekkeplasser nå for tida.

Dvergdykker, *Tachybaptus ruficollis*. Sett første gang 12. september 1972 (GAa). Dette individet, som forøvrig var i høstdrakt, hadde så tilhold her til den 16. september.

Sangsvane, *Cygnus cygnus*. Kun en kjent observasjon: 1 ind. 6. mai 1972.

Stjertand, *Anas acuta*. Ett ind. skutt ca. 15. oktober 1969 (GAa).

Skjeand, *Anas clypeata*. Ett ind. skutt mellom 1. og 15. september 1964 (GAa).

Bergand, *Aythya marila*. Sett bare på høsttrekk.

Toppand, *Aythya fuligula*. Observasjoner fra sommerhalvåret kan tyde på hekking, men ennå er intet påvist. Således f.eks. 1 par 20. juni 1972, og 1 par som hadde fast tilhold på myra hele sommeren 1973.

Fjellvåk, *Buteo lagopus*. Ett ind. i flukt over myra ca. 1. juni 1971 (Tore Sætre).

Storfugl, *Tetrao urogallus*. En hekking er kjent; røy med kull sett i myrkanten sommeren 1973 (Asbjørn Holmen og Frank Kjelgren).

Jerpe, *Tetrastes bonasia*. En observasjon: 1 ind. i myrkanten høsten 1967 eller 1968 (GAa).

Trane, *Grus grus.* Ifl. informasjoner ligger Norges største samlingsplass for traner på vårtrekk i Løten kommune, der det kan sees opptil 200-300 traner på samme tid. For ca. 4-5 år siden var Reinnmyra, som ligger ca. 1 km nordøst for Rønnåsmyra, antagelig en av Norges største samlingsplasser sør for Løten. Hver vår kunne flokker på over 100 traner sees her når trekket var på sitt beste. Reinnmyra har stor likhet med Rønnåsmyra, og grunnen til at tranene valgte nettopp Reinnmyra, er muligens at denne er noe større og ligger mer skjermet mot bebyggelse enn Rønnåsmyra gjør. Som nevnt innledningsvis er imidlertid Reinnmyra i ferd med å bli ødelagt pga. utgrøfting og opptak av torv til torvstrøproduksjon, og et spørsmål er derfor om Rønnåsmyra «tar over» funksjonen som rasteplass. Ifl. observasjoner vi gjorde på ettersommeren/høsten 1973, ser dette ut til å være tilfelle, da Reinnmyra også har vært i bruk som rasteplass under høsttrekket, om enn tranene ikke har forekommet i så stort antall som nevnt ovenfor. I dagene omkring 19. august 1973 holdt nemlig mellom 50 og 60 traner til på Rønnåsmyra og furasjerte spredt omkring.

Heilo, *Pluvialis apricaria.* Under takseringene i juli 1973 fant vi et reir med 3 egg, og begge de voksne fuglene ble sett. Ifl. Haftorn 1971 er dette første påvisning av hekkende heilo på lavlandet i innlandet i Sør-Norge.

Gråmåke, *Larus argentatus.* Kun observert på vårtrekk.

Fiskemåke, *Larus canus.* Koloni. En kjenner ikke til tidspunktet for opprettelsen av denne, men arten har vært fast rugefugl på myra iallfall fra 1968.

Hettemåke, *Larus ridibundus.* Samme kommentar som for fiskemåke.

Makrellterne, *Sterna hirundo.* Tre ind. 29. mai 1973.

Perleugle, *Aegolius funereus.* Vellykket hekking i holk påvist sommeren 1974, på de våteste partier av myra. Er ellers blitt hørt syngende enkelte år.

Kattugle, *Strix aluco.* Ett skutt ind. funnet mellom 21. august og 15. september 1967 eller 1968 (GAa).

Sandsvale, *Riparia riparia.* Den 16. mai 1971 ble flere ind. sett på næringsjakt over området sammen med tak- og låvesvaler.

Heipiplerke, *Anthus pratensis.* Er sett hver sommer iallfall fra 1970 til og med 1973. I 1971 f.eks. ble 1 syngende ind. sett 22. mai, 14. juni (Geir Sonerud og Eirik Skattum) og 16. juni. Takseringsdagene i 1973 ble 2 syngende ind. sett, siste gang så sent som 8. juli. En kan derfor anta at arten er aktuell hekkefugl på myra.

Gulerle, *Motacilla flava.* Her er rasen *M. f. thunbergi* (såerle) vanlig på trekk vår og høst. I begynnelsen av 1970-årene ble den også vanlig å se gjennom hele sommersesongen, og flyvedyktige unger ble sett sommeren 1972. Under takseringene i 1973 iakttok vi på ca. 15 m avstand ei gulerle som vi bestemte til rasen *M. f. flava.* Dette er den ene av bare 3 forekomster vi har kunnet påvise i Grue kommune.

Sidensvans, *Bombycilla garrulus.* Kun 1 observasjon: 1-2 ind. 9. september 1973 (GAa).

Kaie, *Corvus monedula.* Ett par hekket hvert år i perioden 1969-1973 i holk. (Samme holk som perleugla hekket i 1974. Egentlig opphengt for kvinand.)

Kråke, *Corvus corone cornix.* En hekking kjent fra myrområdet, i 1971.

Hortulan, *Emberiza hortulana*. Hekket i kanten av myra i 1973. Dessuten ble 1 syngende ind. sett samtidig et annet sted i området. Dette er de første kjente funn av arten på Rønnåsmyra.

Vurdering.

Kvalitativt sett er materialet innsamlet i 10-års-perioden 1964-1974 meget bra, myras areal tatt i betraktning. Årsaken til dette er vel antagelig å finne i det faktum at det i og i nærheten av området er konsentrert flere ganske ulike biotoper (hengemyr, vann, skog, dyrket mark).

Området som hekkelokalitet er vel verd å merke seg, da en foruten den ventede besetningen av arter — som kvantitativt må regnes for å ha vært større tidligere i sesongen 1973 — kan trekke fram arter som smålom, heilo, sørlig gulerle og heipiplerke. Dette er arter som ifølge litteratur og våre egne erfaringer er meget sjeldne i hekkesammenheng i disse trakter, og bør kunne brukes som belegg for myras særpreg.

Likeledes har området utmerket seg som trekkrasteplass i kommunen. Foruten det vanlige trekk av ender og vadefugler er det gjort observasjoner av stjertand, skjeand og bergand, som det foreligger ytterst få observasjoner av her i området. Dvergdykker er *kun* observert på Rønnåsmyra.

Disse faktorer tatt i betraktning sammen med det før nevnte tranetrekk (se artskommentarene) burde indikere et meget interessant område, ikke bare pga. myras oppbygning, men også rent ornitologisk sett.

Litteratur.

Haftorn, S. 1971. *Norges Fugler*. Universitetsforlaget. 862 s.
Det Kgl. Norske Miljøverndepartement. 1973. *Forslag om fredning av Rønn-åsmyra i Grue kommune, Hedmark fylke*. Stensilert. 10 s.

Summary: *Birds of Rønnåsmyra bog, E. Norway.*

The authors give a review of the birds recorded on Rønnåsmyra, Grue commune, Hedmark county. Rønnåsmyra is an eccentric, ombrotrophic bog of 400 acres about 155 m. above sea level. So far, 90 species have been recorded, of which 25 species breed or have bred. Some of the rarest breeders have been *Gavia stellata* (1970 and 1971) and *Pluvialis apricaria* (1973).

Rønnåsmyra is one of the last eccentric ombrotrophic bogs in Norway which has not been destroyed by ditching and cultivation, and it is the only bog of this type included in IBP-CT-TELMA.

Authors' addresses:
Nesholen: 2260 Kirkenær.
Sollien: 2265 Namnå.
Fosseidengen: 2265 Namnå.

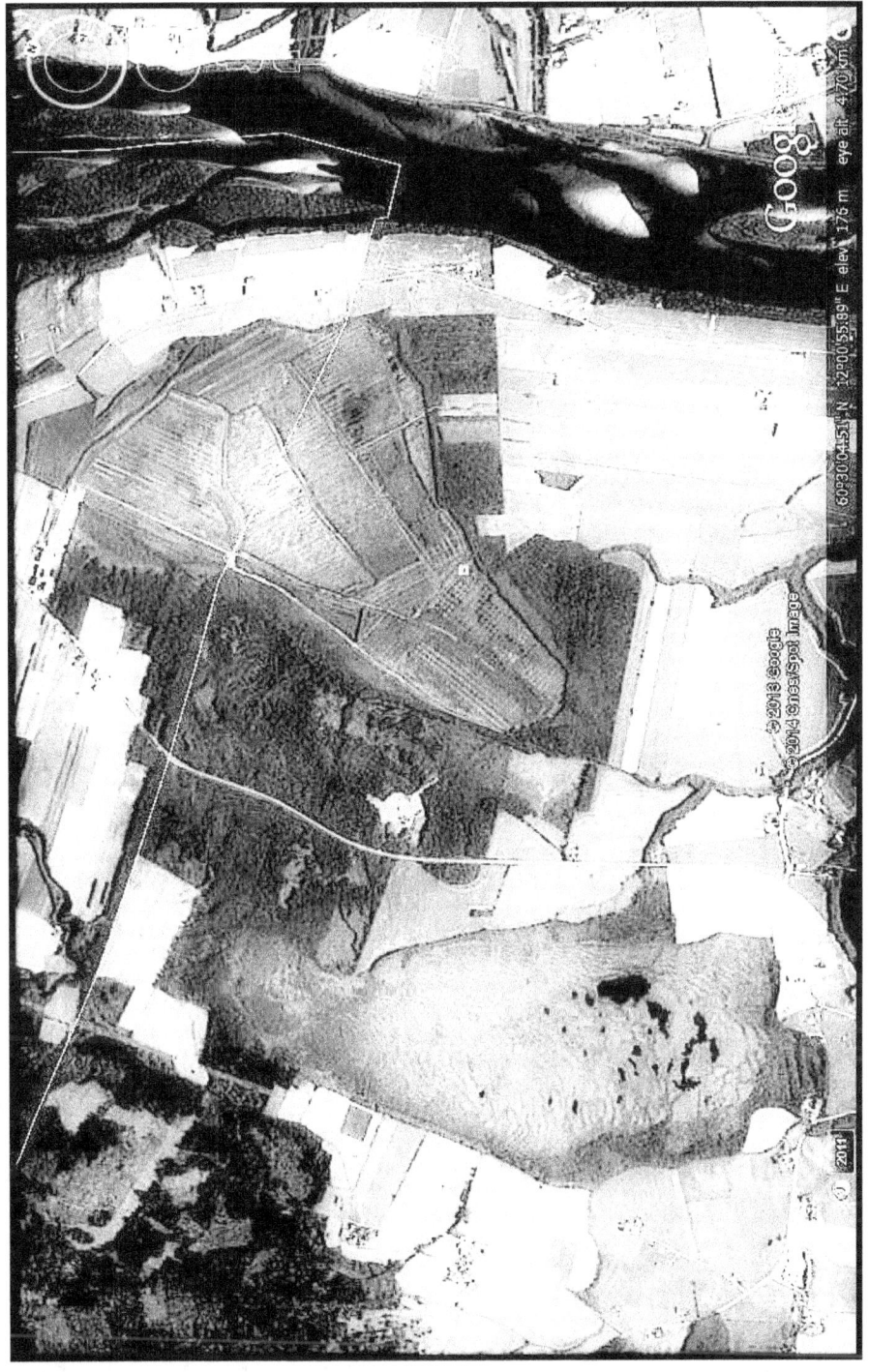

In 1973 the first ditches to drain Rønnåmyra bog had already been dug, in order to turn it into raw material for a fertilizer factory. 38 years later this picture of Rønnåsmyra and its neighbour Reinnmyra bog shows what would have happened to it.   *Image by Google earth.*

Rønnåsmyra was one of the southernmost nesting locations for Red throated loon in Norway.

*Cranes occurred in large numbers at Rønnåsmyra during migration –
58 birds in late August of 1973. Together with more than 100 birds at
the nearby Reinnmyra bog and 150 birds at Silvatnet, an old arm of
Glomma River less than a mile away, these locations made up some of
the largest concentrations of resting cranes in Norway.*

Birger and Asbjørn with the Norwegian General Inspector of Nature Conservation, Kristen Krogh (left), Hedmark County's counterpart, Bjørn Eriksrud (middle) and journalist Sven R. Gjems (second from left) at Rønnåsmyra in August of 1974.

Rønåsmyra i Grue blir trolig fredet område

Miljøverndepartementet skal ha forslag klart i høst

Vi tok dette bilde i Rønåsen i går, der sommerlette skyer svevet over Rønåsmyra.

Rønåsmyra i Grue er i den senere tid kommet i søkelyset som fredet område. I den forbindelse var det et møte i går mellom gang gjennom kommune, fylke og statsinstitusjoner, før den endelige avgjørelsen blir tatt. Går dette i orden, sammen med prosjektet om Gardssjøen, vil et temmelig stort område i sentrum av Grue bli båndlagt. Det vil selvfølgelig få økonomiske konsekvenser, som man ikke har noen oversikt over ennå.

G Thorbjørn Raaberget

From a Newspaper clipping about potential protection of the bog in 1973. The protection plan was put into effect on May 11, 1979.

The Birds of Grue Municipality.

Self-published in 1000 copies in offset print at Berger Langmoen, Brumunddal, in 1976.

In 1971, inspired by the impact of Svein Haftorn's book Norges fugler, the Institute decided to do a similar overview of the history and status of the bird populations in Grue Municipality. From the autumn of 1971 we interviewed amateur ornithologists who we either already knew, or found by word of mouth, and discovered that many of the older bird watchers - in their forties, fifties and sixties - were incredibly observant and knowledgeable and had made mental and written notes about their observations for decades. These observations were merged with our own and the result self-published in 1976, after rejection by STERNA due to its original length – 100 pages.

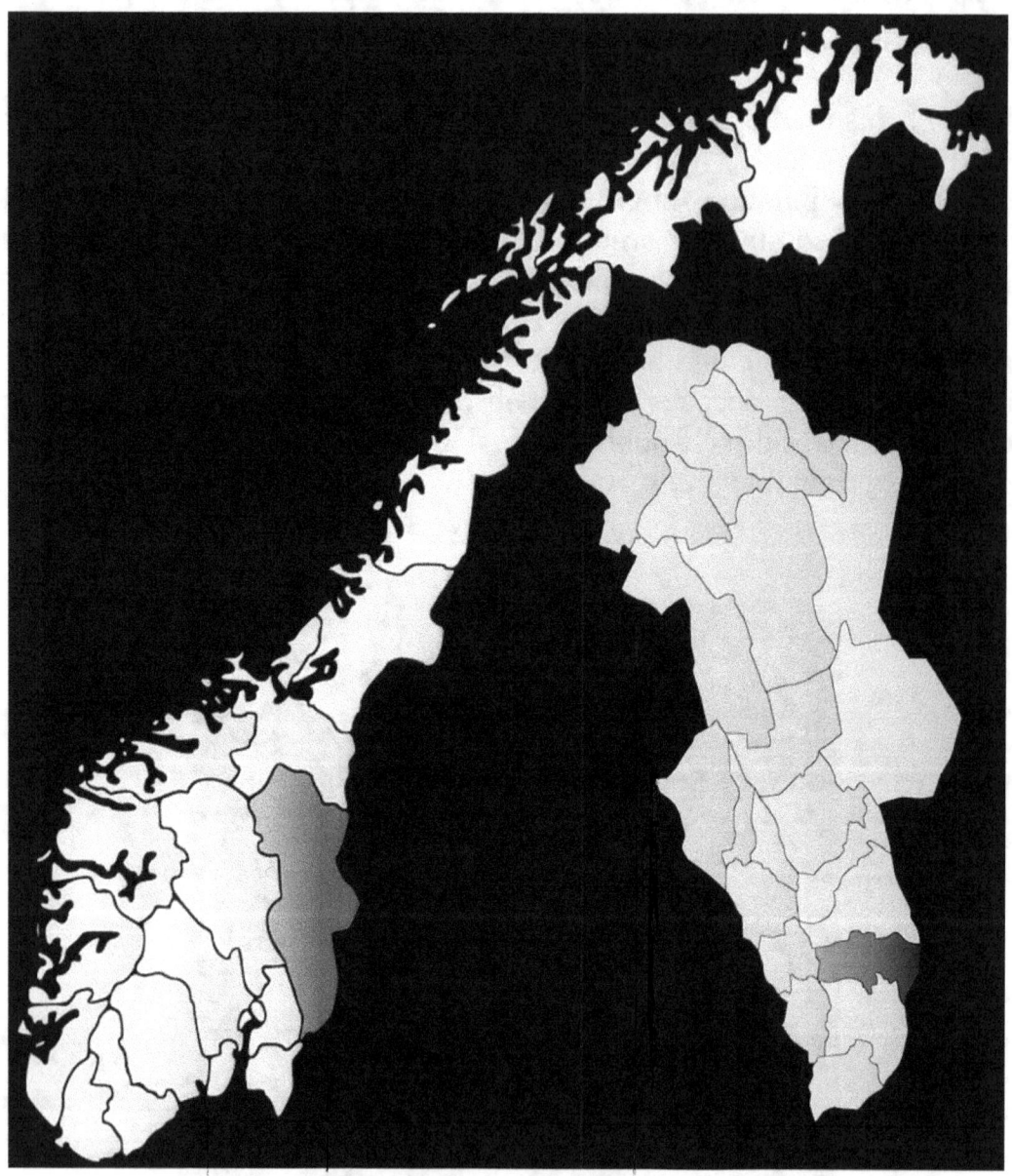

Hedmark County's location in Norway and Grue Municipality's location within Hedmark County.

Berger Langmoen was a saw mill with its own offset printing shop.

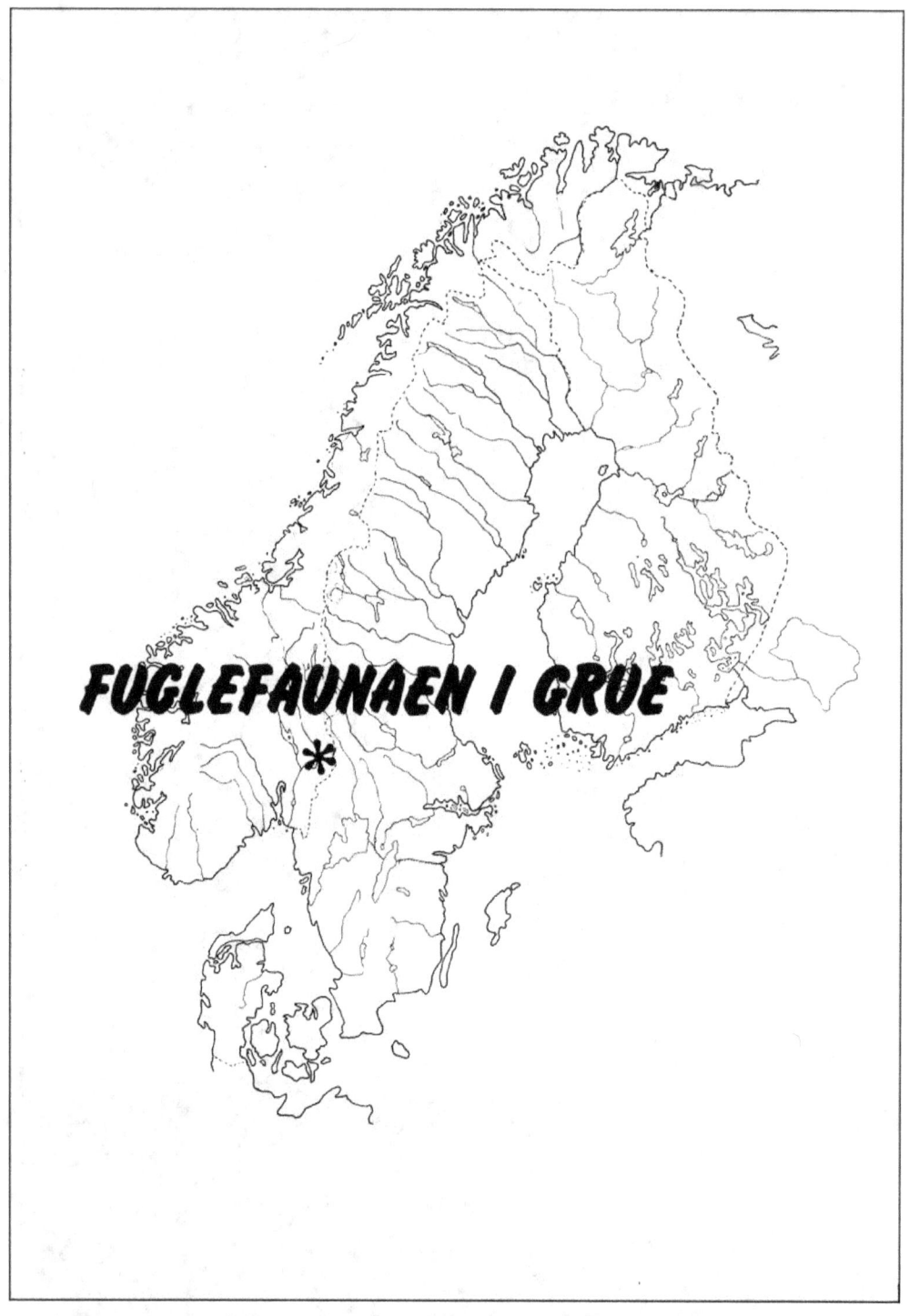

Grue is situated in a central, continental location on the Scandinavian Peninsula, in Europe's boreal taiga.

30/11-1971 Glåm-dalen

Unge «ornitologer» i Grue registrerer fuglelivet

Nærmere 190 fuglearter kartlegges

6 ungdommer i Grue har satt seg det høye mål å kartlegge fuglelivet i bygda. Selv om det er langt til veis ende, har de gått til oppgaven med stor entusiasme og har allerede samlet inn en god del materiale i dette store puslespillet som til slutt skal settes sammen. Når alle data er samlet inn og bearbeidet, vil resultatet bli offentliggjort i et fagtidsskrift. —. Men vi trenger hjelp av bygdas innvånere for å komme til bunns i dette enorme materiellet, uttalte gruppen da vi besøkte dem på Holmgård sist søndag. Der har de ,,okkupert'' hele 3. etasjen til sine møter hvor de diskuterer hver enkelts oppdagelser siden de var samlet forrige gang. Gruppen består av Tore Sætre, Steinar Reich og Birger Nesholen fra vestsiden i Grue, Jan Erik Fosseidengen og Asbjørn Sollien fra Namnå, samt Berit Edsberg fra Hokåsen. Hver på sin kant gjør de sine oppdagelser for senere å samle stoffet i en ,,felleskasse''.

Registreringen strekker seg over 900 kvadratkilometer av Grue og de nærmeste tilstøtende områder i Hof og Brandval. Dette er så enorme vidder at vi ikke på fruden makter å rekke over alle aktuelle steder, sier Birger Nesholen som er en av gruppens talsmenn. Derfor er vi interessert i å få hjelp av folk rundt omkring i bygda. Ingen bør derfor brenne inne med opplysninger om selv de mest vanlige fuglene. Det viser seg at det som regel eksisterer flere slag innenfor samme arten. Dette gjelder spesielt myrhauk, hønsehauk og musvåk. Det er 2 arter av disse som ennå ikke er undersøkt. Opplysninger fra Finnskogen har spesielt stor interesse. Andre interessante fugler er albinoen og korsnebben.

Finnes det noen som mener å sitte inne med opplysninger av interesse, kan disse sendes til Birger Nesholen, Kirkenær.

RIKT FUGLELIV I GRUE

— Det viser seg at Grue har et rikt fugleliv langt over gjennomsnittet som er registrert i landet, ble vi fortalt. Spesielt gjelder dette området langs Glomma og ved endel sjøer. Når undersøkelsene er ferdige, regner gruppen med å komme opp i ca. 190 forskjellige fuglearter, et antall langt større enn noen kunne forestille seg. Av faglitteratur som gruppen benytter seg av, kan nevnes Svein Haftorns ,,Norges fugler'' og forskjellige andre fagblad.

— Vi trodde vi skulle rekke over mye på en uke, sier en av gruppens medlemmer. Men der tok vi grundig feil. Det vil kanskje strekke seg over mange måneder før vi har det nødvendige bakgrunnsmateriale, men vi trenger som sagt bygdefolkets hjelp ved siden av. Ved siden av studiene med fuglelivet vil vi til neste år også gi oss i kast med pattedyrene.

— Grue har de siste par årene

hatt besøk av knoppsvaner som har forsøkt hekking i Gardsjøen. Er det muligheter for disse?

— Ikke så lenge sjøen e[r] gjenstand for regulering o[m] våren. Knoppsvanene er avhengi[g] av en flytetorv som hekkplass o[g] vann til ,,start- og landingsbane''. I Gardsjøen tappes vannet ne[d] før rugetiden er omme, o[g] dermed ødelegges hekkingen, o[g] det er neppe noe håp om å f[å] beholde disse vakre fuglene ve[d] annet enn tilfeldige besøk.

— Har dere undersøkt noe o[m] matnyttig vilt som storfugl?

— Årsaken til tilbakegange[n] skyldes vel flere faktore[r]. Rugeplassene er sterkt reduser[t] gjennom flatehogst. Bestande[n] reduseres ellers altfor sterkt ve[d] ulovlig avskyting, f.eks. ve[d] skyting på veiene, noe som e[r] helt ulovlig. Saltingen av veie[n] kan også være en medvirkend[e] årsak. Tilbakegangen er påtakeli[g] i årene etter siste krigen, sier d[e] unge ,,ornitologer'' i Grue.

Her er gruppen samlet rundt kaffebordet, servert av fru Sætre: Tore Sætre, Steinar Reich, Jan Eri[k] Fosseidengen, Asbjørn Sollien, Birger Nesholen og Berit Edsberg. Til å bestemme fuglelivet benyttes båd[e] lydbåndopptak og fotos.

While gathering data we had help from a wide range of bird watchers, most notably Tore Sætre (left), Steinar Reisch (2nd from left) and Berit Edsberg (right). A newspaper clipping from 1971.

The building where the interview for the newspaper took place was Tore's home, and when it was sold more than 40 year later, the furniture and floor runner in the room were still the same.

It was a three story building with a country store on the bottom floor. The room for the interview was on the third floor, inside the dormer.

Asbjørn in 1971.

Kvalitativ og kvantitativ
registrering av fuglefaunaen
i Grue kommune med tilstøtende
områder, Hedmark fylke.

Fram til medio juli 1976.

The 78 page booklet was presented as a collection of bird observations describing the occurrence, status and population trends of 211 species in Grue Municipality from about 1885 to mid-July 1976.

Hoved-observatørene

Vi skylder alle observatørene stor takk for velvillig inn-
stilling og hjelp med innsamlingsarbeidet, uten disse ville en
såpass god oversikt over fuglelivet i Grue kommune vært umulig
å få istand. Symbolene og hva de står for:

(SL) - Sigurd Langbråthen, 2256 Grue Finnskog.
(BOK)- Bertha og Ole Kjensmo, 2260 Kirkenær.
(EB) - Einar Brataas, 2266 Arneberg.
(GAa)- Gunder Aas, 2260 Kirkenær.
(GT) - Gunvald Tørmoen, 2260 Kirkenær.
(GN) - Georg Nilsen, 2260 Kirkenær.
(MD) - Magne Dahl, 2265 Namnå.
(P) - Roy og Jørn Sæthern, Håvard og Ole Arne
       Frysjøenden, 2260 Kirkenær.
(DR) - Dag Råaberg, 2256 Grue Finnskog.
(PMK)- Per Martin Korsmo, 2264 Grinder.
(ÅN) - Åsmund Nordli, 2265 Namnå.
(RN) - Ragnar Nordli, 2265 Namnå.
(DS) - Dagfinn Sæther, 2260 Kirkenær.
(AH) - Asbjørn Holmen, 2260 Kirkenær.
(FK) - Frank Kjelgren, 2260 Kirkenær.

Observatører som her ikke er nevnt, men som har bidratt med
enkeltobservasjoner i artskommentarene, vil der være nevnt med
fullt navn. Alle observasjoner der observatørens navn eller
initialer ikke er oppgitt, er gjort av Asbjørn Sollien, Birger
Nesholen og Jan Erik Fosseidengen.

19

We paid special tribute to our main contributors, who aided us in making the project a reality.

Håven at Lake Røgden in 1980. In this home the first in-depth know-ledge evolved about the vast diversity in bird populations across the Grue Finn Forest. Sigurd Langbråten had been a keen observer for about 50 years (1920 – 1970).

Sigurd Langbråten.

We discovered a multitude of species regarded as unusual or rare in Norway, both migrating and breeding, and soon became aware that this was due to lack of previous field work. A lot more was to be discovered Our main contributors had observed numerous species over the last 50 years clearly outside their normal range, according to Haftorn's encyclopaedia. With the discovery of the first Black Headed Wagtail in Norway – not accepted by the committee reviewing rare observations - and the first nesting of Red-breasted flycatcher after the release of the booklet, it became an impressive list of observations from Grue Municipality. Below is a review of the 23 most interesting, single observations.

1st nesting of **Red-breasted flycatcher** in Norway, *1982.*
2nd nesting of **Rosefinch** in Norway, *1973.*
4th nesting of **Kingfisher** in Norway, *1974.*
1st observation of **Black-headed wagtail** in Norway, *ab. 1967.*
2nd observation of **Ruddy shelduck** in Norway, *1892.*
2nd observation of **Calandra lark** in Norway, *1971.*
8th observation of **Eurasian bittern** in Norway, *1930s.*
8th observation of **Yellow-breasted bunting** in Norway, *1968.*
One of the 22 first observations of **Pallid harrier** in Norway, *ab. 1956.*
1st low altitude nesting of **Red-necked phalarope** in eastern Norway, *1967 or -68.*
1st low altitude nesting of **Golden plover** in eastern Norway, *1973.*
1st observation of **Ivory gull** in eastern Norway, *1969.*
1st observation of **Bar-tailed godwit** during autumn migration in the inner areas of eastern Norway, *1972.*
1st nesting of **Woodlark** in Hedmark County, *1918.*
1st nesting of **Mute swan** in Hedmark County, *1970.*
2nd nesting of **Black redstart** in Hedmark County, *regularly, up to 1971.*
1st observation of **Little grebe** in Hedmark County, *1930 – 32.*
1st observation of **Barnacle goose** in Hedmark County, *1965.*
2nd observation of **Smew** in Hedmark County, *ab. 1933.*
2nd observation of **Brant goose** in Hedmark County, *1945 – 1950.*
2nd observation of **European roller** in Hedmark County, *1964 or -65.*
2nd observation of **Black-legged kittiwake** in Hedmark County, *1970.*
2nd observation of **European turtle dove** in Hedmark County, *1971.*

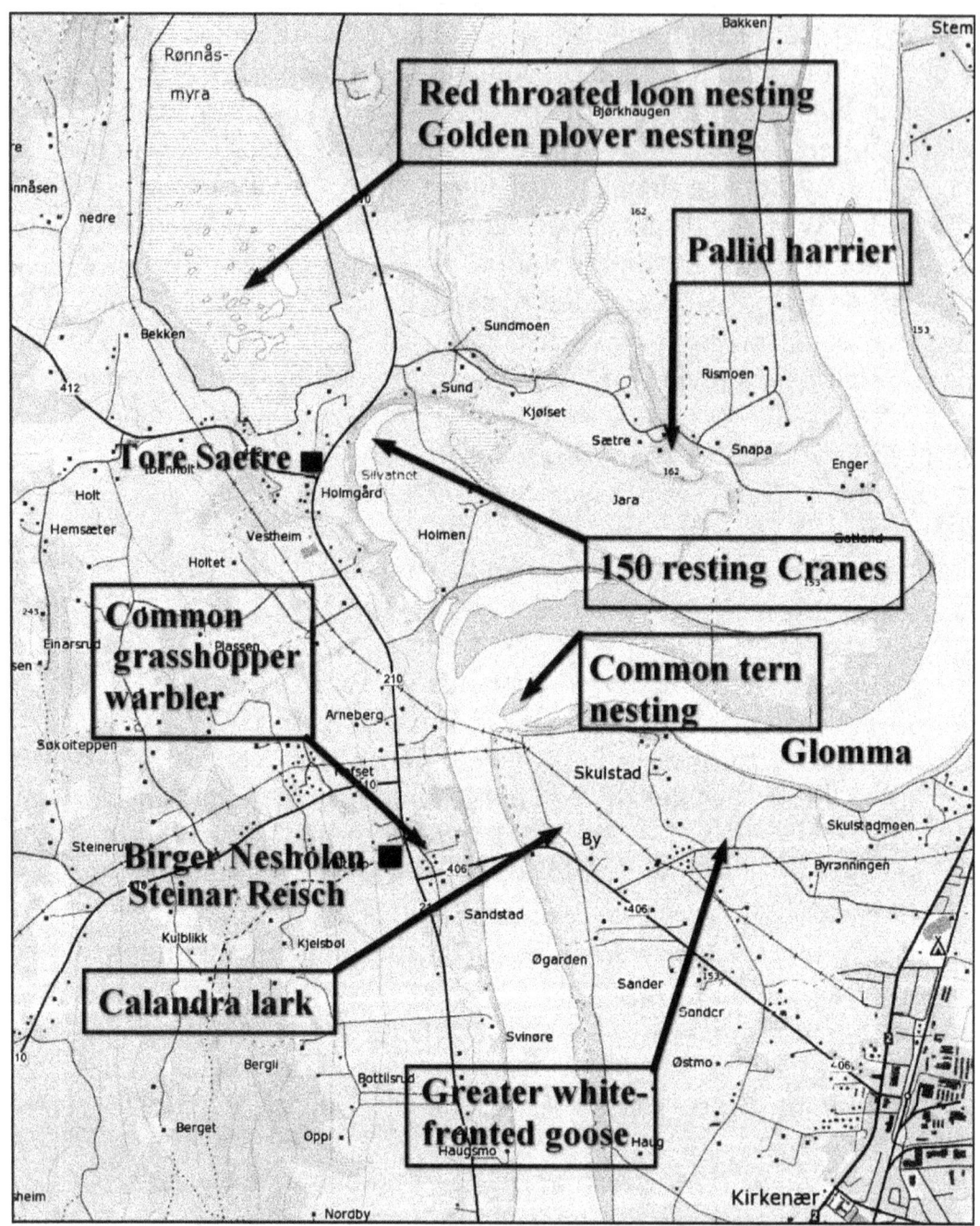

A map with multiple rare observations along a short stretch of the river Glomma, from Kirkenær to Rønnåsmyra bog. It clearly indicates the relationship between new discoveries and the presence of resident ornithologists.

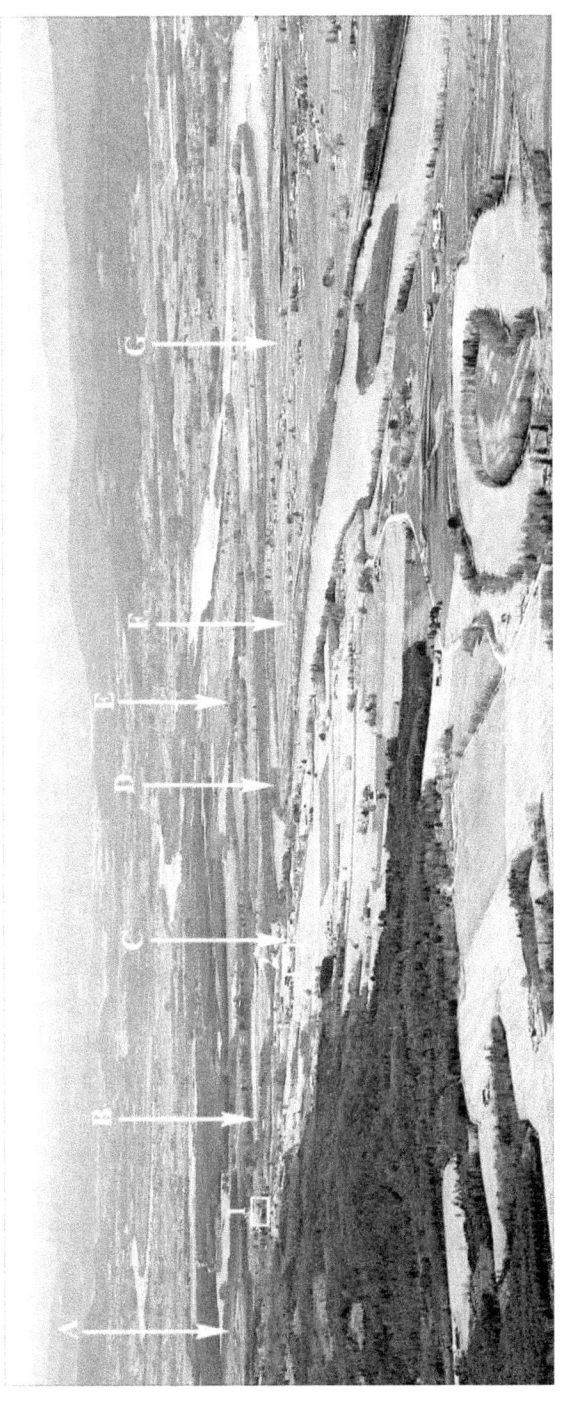

Aerial view from south west on the map on the previous page. A: Red throated loon. B: Resting cranes. C: Common grasshopper warbler. D: Common tern nesting. E: Pallid harrier. F: Calandra lark. G: Greater white fronted goose. Rectangle 1: Tore Sætre. Rectangle 2: Birger Nesholen and Steinar Reisch.

Aerial view from south east. A: The Skulstadholmen Island, location for nesting of Common tern and Oystercatcher. B: Silvatnet inlet, location for 150 resting cranes. Arrow: Tore Sætre's home. Outlined: The Rønnåsmyra bog.

Kingfisher – the fourth nest discovered in Norway was found by the River Glomma at Grinder about July 13ᵗʰ, 1974 by Per Martin Korsmo, who sadly passed away on September 1ˢᵗ, 2015 from an aneurism.

The second observation in Norway of Ruddy shelduck was an individual shot in Grue on August 2, 1892 (Haftorn 1971).

The second observation in Norway of Calandra lark was made by the river Glomma at Kirkenær April 11, 1970 – 65 years after the first one - when two birds were seen by Birger Nesholen and Steinar Reisch.

Pallas' sandgrouse, native of Kasakhstan, China and Mongolia, had never been seen in Norway before 1863. Four of them visited Grue May 17, 1888 (Haftorn 1971).

Eurasian bittern – the 8ᵗʰ observation in Norway was a bird shot in Grue in the 1930s, reported by taxidermist Einar Brataas.

Common grasshopper warbler – the 5th observation in Hedmark County was made by the river Glomma at Kirkenær in June of 1971.

Believed to be a female Hen harrier at the time it was shot south of Reinnmyra bog about 1956, this hawk was re-identified in 1971 as one of only 22 Pallid harriers discovered in Norway.

An Ivory gull was shot at Arneberg in November of 1969, the first observation in eastern Norway south of Namdalen valley.

Red-necked phalarope was found nesting at Lake Frysjøen in 1967 or - 68, the first low altitude discovery in eastern Norway.

Black-headed wagtail – the first observation in Norway at Lake Gard-sjøen about 1967 by Bertha and Ole Kjensmo – not accepted by the national committee reviewing rare observations.

European roller – the second observation in Hedmark County was made at Lake Røgden in 1964 or -65 by Sigurd Langbråten – another observation not accepted by the committee.

Black redstart – regularly seen nesting at one location by Lake Røgden until 1971. The only previously recorded nesting was at Tolga in 1941.

When a European turtle dove was shot at Lake Gardsjøen in September of 1971, it was the second discovery in Hedmark County. The first observation was made in Sollia Municipality 79 years prior, in 1892.

The first discovery of Barnacle goose in Hedmark county was made when two birds were shot at the River Glomma by Kirkenær in October of 1965.

A Little grebe was identified by taxidermist Einar Brataas as the first observation in Hedmark County, after being shot in an ice crack at Arneberg ca. 1930-1932.

From a newspaper clipping following the release of Birds of Grue Municipality in November of 1976.

*In 1982, six years after the booklet was published, **the first nesting of Red-breasted flycatcher in Norway** was found outside Svullrya, the Finn Forest by Roar Solheim, during a field trip we made while looking for the falcon Hobby.*

Abb. 110. Zwei extreme Ausdrucksformen beim Rauhfußkauz. (A) aufmerksam, Schleier ganz nach vorn orientiert; (B) Würgesyndrom vor der Gewöllabgabe (nach Photos H.Schneider, Columba 3,1951 bzw. W.Scherzinger).

sich nicht durch Rufen zu erkennen geben (s. Aggressivverhalten). Die Scheu vor dem Partner ist individuell verschieden; während manche ♂ die Bruthöhle nur in Abwesenheit des ♀ befliegen, halten sich andere mit ihm zusammen darin auf (H.Frey und P.J.Frutiger briefl.). Jungkäuze hingegen klettern wärmesuchend übereinander, schmiegen sich aneinander, kraulen, knabbern und schnäbeln und halten durch Stimmfühlungs- und Bettelrufe Kontakt bis zum Selbständigwerden. Die Toleranz gegenüber Brutnachbarn (Hohltaube, Dohle, Blauracke u.a.) illustriert ein Beispiel von Eiablage und Bebrütungsbeginn, während ein Schwarzspecht im selben Baum (Fluglöcher nur 130 cm voneinander entfernt) seine Höhle zimmert; Rauhfußkauz- und Schwarzspechtbrut verliefen erfolgreich (Ravussin & Sermet, Nos Oiseaux 33,1975; s. auch Sollien, Nesholen & Fosseidengen, Fauna 30, 1977 u.a.).

Sexualverhalten (V.Dorka; s. auch Stimme): Auf den von akustisch exponierten, oft mehrere hundert Meter von der potentiellen Bruthöhle entfernten Revierstellen vorgetragenen Reviergesang des ♂ kann das paarbildungswillige ♀ durch vereinzelte „uäck"-Rufe über 100 bis > 300 m hinweg in ersten Rufkontakt treten. Meist reagiert das ♂ durch abruptes Verstummen und Abflug in Richtung Höhlenbaum. Dort (bei größerer Entfernung mitunter schon im Flug) bringt es den „Zengeroller". Bleibt das ♀ stumm oder folgt es mit den noch stark aggressiven „kjäck"-Rufen, bricht das ♂ weitere Werbehandlungen ab. Es kann zwischen ♂ und ♀ zu nicht balancierten Begegnungen kommen; weitere Anpaarungsversuche des dabei stärker gefährdeten ♂ fallen dann für längere Zeit aus. Antwortet das ♀

HANDBUCH DER VÖGEL MITTELEUROPAS

BAND 9

COLUMBIFORMES – PICIFORMES

AKADEMISCHE VERLAGSGESELLSCHAFT WIESBADEN

Our publication about the co-habitation of the Tengmalm's owl and the Black woodpecker (next page) is mentioned under both species in volume 9 of the 1980 "Handbuch der Vögel Mitteleuropas" – Handbook of the Birds of Middle Europe. This is the citation in the chapter about the owl.

Neutralism between Tengmalm's owl and Black woodpecker.

Published in FAUNA, the quarterly periodical of the Norwegian Zoological Society, in 1977.

On February 17, 1972 a male Tengmalm's owl was heard singing its territorial song in the wooded foothills of the promontories southeast of my home in the Monsrud community. A few nights later Jan Erik found the nesting tree with the owls residing inside one of three holes made by Black woodpecker. We had kept it under surveillance for about a month when on April 14, Black woodpeckers moved into another hole about 12 feet above the owls. They showed no hostility to each other, and both of them were successful in their breeding attempts. This article was referenced in Volume 9 of the 14-volume, German encyclopaedia "Handbuch der Vögel Mitteleuropas» in 1980 and in the Russian Journal of Ornithology in 2018, as it was only the second case of so called "neutralism" between Tengmalm's owl and Black woodpecker described in Europe. Jan Erik found the nest, and he would be the key person in getting the juveniles down to the ground, to be tagged......

Jan Erik Fosseidengen.

A Tengmalm's owl looking out from its nest.

A juvenile Black woodpecker calling for the parents.

Nøytralisme mellom perleugle og svartspett

ASBJØRN SOLLIEN, BIRGER NESHOLEN OG
JAN ERIK FOSSEIDENGEN

Fauna 30: 195—200. Oslo 1977.

Vedrørende interessante interspesifikke forhold mellom forskjellige fuglearter er kommensalisme velkjent, der f.eks. en spurvefugl hekker innen et rovfuglrevirs grenser, og derved er beskyttet mot predasjon fra andre rovfugler. Nøytralisme derimot er sjelden beskrevet. Dette antagelig fordi en automatisk regner med at et likegyldig forhold eksisterer mellom arter når intet annet kan registreres. Dette behøver imidlertid neppe være tilfelle, da en må regne med at konkurranseforhold i naturen kan være meget kompliserte og langt fra åpenbare. P.g.a. artenes tilpasning til hverandre kan konkurranseforhold i tilsynelatende nøytrale tilstander antagelig bare påvises i spesielle tilfeller. Det vil her være spørsmål om å oppta delvis sammenfallende økologiske nisjer i enkelte deler av året, f.eks. ved valg av hekkeplass eller næringspreferanse i visse perioder.

Hekkeforhold

De østlandske barskogområdene er optimale habitater for hekking av svartspett. Bestanden varierer, men f.eks. i 1973 ble 6 reir registrert innen Grue kommune. Kommunen er for øvrig på 820 km², derav 603 km² skog.

Dette skaper selvsagt hekkemuligheter for mange arter når spetten flytter til andre lokaliteter, men såvidt vites er det ikke før beskrevet at en ugleart har tatt et reirhull i bruk mens spetten ennå hekker i samme treet. Dette skjedde imidlertid i Grue i 1972, da et perleuglepar benyttet nederste hull av tre uthakkede, mens et svartspettpar benyttet øverste (se fig. 1). En kan ikke helt utelukke at nettopp i dette treet har forholdet forekommet før, da det som nevnt var tre uthakkede hull, og svartspett er sett på lokaliteten i flere år, selv om hekking ikke før er påvist ved funn av reir. Imidlertid ble ad. sett matende 1 juv. bare 7—800 m unna i 1968. Likeså er perleugle blitt hørt «hukrende» på samme sted enkelte år før funnet i 1972 ble gjort.

Av de tre reirhullene hadde svartspettparet tydelig utbedret sitt, men det er uvisst om det var nytt av året.

Perleugla er den langt vanligste av ugleartene på disse trakter, så det var ingen overraskelse at nettopp denne arten tok reirhullet i besittelse. Habitatet var tilsynelatende optimalt, med åpen, hogstmoden furuskog omgitt av barblandingsskog av alle hogstklasser. Reirtreet, en furu på ca. 24 m, sto ca. 20 m fra dyrket mark, og 3—400 m fra bebyggelse. Den var tilsynelatende helt frisk, hadde 100 % barkdekke, diameter 0,5 m

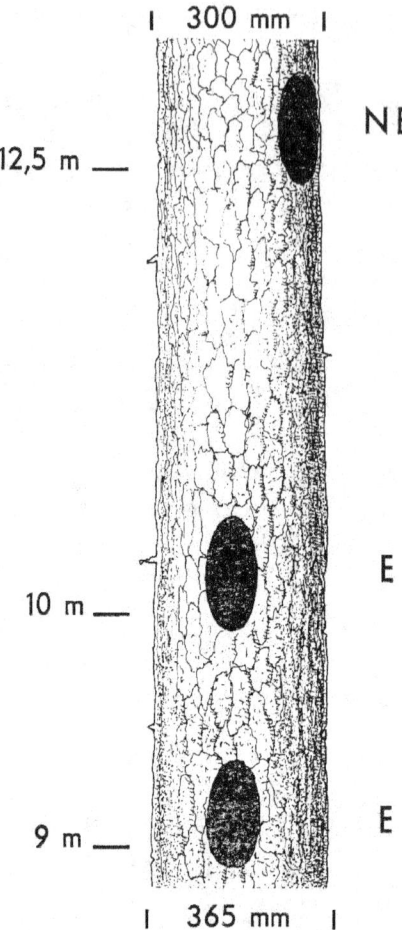

Fig. 1

Reirtreet — en stor furu med de tre svartspetthuller. Høyde over bakken i m. Stammens tverrsnitt i mm. NE = nordøst, E = øst: hullenes himmelretning. *The breeding tree — a tall pine with the three Black Woodpecker nest-holes. Hight above the ground in m. The diameter of the trunk in mm. The holes are facing NE and E.*

o. m. var 45,2 cm og greinverket begynte 14 m o. m. (på motsatt side av flyvehullene).

Observasjonsdata

Perleugla ble første gang hørt 17. februar (Johnny Engen). Den «hukret» da 7—800 m fra reirtreet. 24. mars ble den hørt igjen, både ved reirtreet og 5—600 m unna (i en annen retning enn 17. februar). Det synes således som om reviret kunne være relativt stort, da Haftorn (1971) opererer med at den synger «gjerne opptil 3—400 m fra reiret».

Dette kan ha sammenheng med at det ikke var spesielt god tilgang på smågnagere i distriktet i 1972.

Observasjoner ved reirtreet ble gjort i mars: 3 ganger kveld/natt, i april: 1 gang kveld/natt og 6 ganger på dagtid, i mai: 1 gang kveld/ natt og 3 ganger på dagtid. I løpet av disse observasjonene så vi svartspett ved treet i april: 4 ganger, i mai: 1 gang. Første gang spetten overhodet ble sett var 14. april. Bemerkelsesverdig var det at vi aldri observerte svartspett ♀, og vi har ingen plausibel forklaring på dette, bortsett fra liten observasjonsmengde ved reiret.

Fig. 2 er basert på dato for funn av 3. og 5. egg for perleuglas vedkommende. Leggeintervall = 2 døgn (Haftorn 1971). Figuren ser ut til å stemme brukbart overens med forutsatt klekketidspunkt, da juv. første gang ble hørt 13. mai. For svartspettens vedkommende er figuren basert på anslått alder av juv. ved ringmerking 22. mai. Iflg. Haftorn (1971) begynner juv ved ca. 17 døgns alder å vise seg i flyvehullet. De ble anslått å ligge tett opptil dette. Kullet besto for øvrig av 2 ♂♂ og 3 ♀♀.

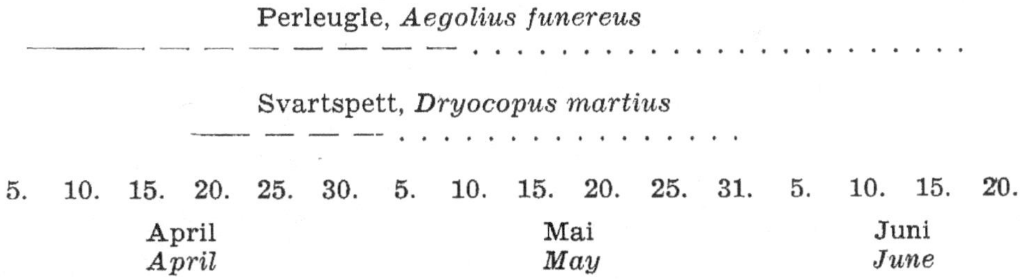

Perleugle, *Aegolius funereus*

Svartspett, *Dryocopus martius*

5.   10.   15.   20.   25.   30.   5.   10.   15.   20.   25.   31.   5.   10.   15.   20.

April   Mai   Juni
April   *May*   *June*

Fig. 2

Hekkeperioden til perleugla og svartspetten, på grunnlag av beregninger etter litteratur (Haftorn 1971) og data innsamlet ved reitreet.

Heltrukken linje: Egglegging. Brutt linje: Ruging. Prikket: Ungeperiode.

The breeding period of Tongmalm's Owl, Aegolius funereus, *and Black Woodpecker,* Dryocopus martius, *predicted from limited information from the nests. Line: Egg laying. Broken line: Hatching. Spotted line: Nestlings.*

Diskusjon

Det er tidligere beskrevet et tilfelle fra Trysil der perleugle hekket i et tilsynelatende nøytralt forhold til stær, i en stærkasse med separate innganger. Perleugla tok det ene rommet i besittelse i april, mens stæren ankom til det andre i mai. Begge kull fløy ut ca. 15. juni (Skåret 1968).

Likeledes er beskrevet fra Verran i Nord-Trøndelag at et perleuglepar hekket i en kasse opphengt for kvinand. En ny holk ble satt opp for eventuelle kvinender, bare vel 1 m over perleuglas holk, i samme gran. Hit kom det kvinand ganske snart. Imidlertid fantes enda et kvinandpar ved vannet, og en antok at det var denne ♀ som begynte å etablere seg i perleuglas holk *ennå mens perleugleungene var i reiret.* Av 8 juv. var imidlertid 6 utfløyne og bare 2 tilbake da 2 tilsynelatende nylagte kvinandegg ble funnet. Eggleggingen i perleugleholken stoppet dog med dette (Larsen 1970).

Dette indikerer at perleugle faktisk er i stand til å leve tett innpå andre arter i nøytrale forhold. I vårt tilfelle er svartspett naboen, og perleugla representerer neppe noen fare for denne, p.g.a. dens størrelse. Imidlertid — i et forhold til en liten art som f.eks. stær ville det fort vise seg om perleugla representerte en trussel for sin nabo.

For svartspettens vedkommende er det beskrevet et eksempel fra Vennesla, der den annekterte et grønnspettreir i en asp etter kamp med dets to eiere. I dette tilfellet trakk faktisk svartspetten grønnspettene ut etter vingen (Collett 1921). Dette viser at i kraft av sin størrelse og aggressivitet kan svartspetten være en potensiell trussel for perleugla.

Fig. 3
Nettopp utfløyet unge av perleugle. (Foto: Birger Nesholen.)
Fledgling of Tengmalm's Owl.

Revirhevdelse hos svartspett vil riktignok gjøre seg gjeldende senere på året enn hos perleugle, men tatt i betraktning den uortodokse måten — å dra reirhullets eier ut etter vingen — kan likevel ikke nevnte mulighet utelukkes helt.

Habitatvalg hos perleugle og svartspett er stort sett det samme, og slik sett kan de sies å oppta sammenfallende økologiske nisjer. Men dette er også antagelig det eneste som er felles. Næringsøkologisk opptar de f.eks. vidt forskjellige nisjer. Tatt i betraktning at perleugla er en utpreget nattaktiv art vil også deres aktivitetsperioder falle omtrent totalt utenfor hverandre. Revirene behøver heller ikke overlappe særlig, reirtreet kan ligge i utkanten av hvert sitt revir. Riktignok er dette noe søkt — svartspetten har et såpass stort revir at dette antagelig vil dekke perleuglas, uansett.

Fig. 4
Nettopp utfløyet unge av svartspett (Foto: Birger Nesholen.)
Fledgling of Black Woodpecker.

Det eneste påviselige konkurransemomentet ligger øyensynlig nettopp i valg av reirhull. At perleugla aksepterer å hekke så tett innpå andre arter kan for øvrig ha forskjellige årsaker. Svartspetten hakker ut reirhullet selv, og kan plassere dette hvor den ønsker. Perleugla må ta til takke med de muligheter som foreligger, selvom dette kan føre visse ulemper med seg. Det er beskrevet tilfeller der den har hekket innendørs i uthus, og altså ikke i noe egentlig hulrom (Haftorn 1971). Likeledes har forf. påvist hekking — riktignok i passende holk — men midt på myrflata på Rønnåsmyra i Grue (Nesholen, Sollien, Fosseidengen 1976). Dette er neppe det ideelle habitat for arten.

I det hele tatt ser det ut til at artens motivasjon for å gjennomføre hekking ikke påvirkes særlig av forholdene den må hekke under. Den synes ganske tilpasningsdyktig, en egenskap som kan få utslagsgivende virkning for bestanden hvis forholdene for hulerugende arter skulle forverre seg ytterligere.

Resultatet av forholdet omtalt i denne artikkelen ble at begge pars hekkinger forløp uten uregelmessigheter, og ingen tegn til konflikt ble påvist. Perleuglekullet kom på vingene 10—15 dager etter svartspettkullet, like etter ble for øvrig en av perleuglejuv. funnet død ved reirtreet.

Til slutt vil vi få takke universitetslektor Arne Moksnes ved Zoologisk Institutt, Universitetet i Trondheim, for gjennomlesing av manuskriptet.

SUMMARY

NEUTRALISM BETWEEN TENGMALM's OWL AND BLACK WOODPECKER

The authors describe breeding of Tengmalm's Owl, *Aegolius funereus*, and Black Woodpecker, *Dryocopus martius*, in different holes in the same tree in Grue district, E. Norway 1972. No signs of conflicts were seen, and the breeding of both pairs was successful.

LITTERATUR

Collett, R. 1921: *Norges fugle*, Bd. II.
Haftorn, S. 1971: *Norges fugler*. Oslo (Universitetsforlaget). 862 s.
Larsen, Tor M. 1970: Kvinand la egg i holk med perleunger. *Sterna 9:* 221—222.
Nesholen, B., Sollien, A., Fosseidengen, J. E. 1976: Fuglefaunaen på Rønnåsmyra i Hedmark. *Sterna 15:* 87—95.
Skåret, Martin O. 1968: Perleugle og stær som naboer. *Sterna 8:* 101.

Authors' addresses:
Sollien og Fosseidengen: N—2265 Namnå. Nesholen: N—2260 Kirkenær.

When the juvenile Black woodpeckers were large enough to be tagged (i.e. their feet were the same size as the adults') the monumental task was to get them down on the ground from a nest hole more than 40 feet in the air, at the top of a slick pine trunk with no branches.......
We had no climbing equipment, so an exceptionally strong climber was paramount – and there was only one of us who fit the bill.

Jan Erik climbing - without equipment - more than 40 feet up the pine trunk to pick the juvenile Black woodpeckers from the nest.

The juvenile woodpeckers knew only one direction to climb – up. When Jan Erik put one on his foot, it was soon on his head.

Improved climbing technique. By the time the juvenile owls were ready to be tagged – they had longer nestling period than the woodpeckers – we had borrowed pole climbers from the local power company.

A male Black woodpecker is watching from behind a pine trunk – a very common behaviour when the bird is cautious.

The birds of Gardsjøen lake, Hedmark County.

Published in STERNA, the quarterly periodical of the Norwegian Ornithological Society, in 1977.

By the autumn of 1972 we knew that Gardsjøen lake south of Kirkenær was a very important resting- and feeding area for migrating water fowl, as the observations made there easily matched the observations made at more famous areas in Norway already protected. We decided to go for a protection of the lake as a bird sanctuary. We organized a meeting at our local school with the land owners around the lake (28), the hunting- and fishing association and other organizations who wanted to have an input in the process. We had recently started a group promoting biological research and protection of nature, and used this as a force to push the process forward.

Grue-ungdom vil verne Gardsjøen for fuglene

Av SVEIN R. GJEMS

Gardsjøen syd for Kirkenær i Grue er en sjeldent god rasteplass for våre vadefugler på vår og høsttrekket, og det bør snarest tas opp seriøst arbeid for å verne området. Dette kom fram under det første møtet som

onsdag. Her møtte også elever fra Finnskogen, som hadde tatt med seg sovepose, da de ikke hadde mulighet til å komme hjem på kvelden! Det var stor interesse og mange spørsmål da student Birger Nesholen hadde fortalt om sine observasjoner gjennom flere

Som grevlingen vil vi grave oss ned i naturens mysterier, sier de 23 medlemmene av ornitologgruppa i Grue. Her studerer de et eksemplar av Meles Meles på kateteret. I midten lederne av gruppa, Asbjørn Sollien, Birger Nesholen og Jan Erik Fosseid-

"Grue youngsters want to protect Lake Gardsjøen for the birds". From a newspaper clipping in November of 1972. Behind the badger is Asbjørn (left), Birger and Jan Erik.

Aerial view of Lake Gardsjøen from west, the white semi-circle indicating the lake's position. At the front is Evja, another bow lake, on the west side of the River Glomma. In the background are Lakes Tysjøen and Frysjøen along the waterways towards the Swedish border.

Lake Gardsjøen from the opposite direction of page 81, indicated by a black semi-circle, with Lake Tysjøen (breeding habitat for the falcon Hobby) at the front and Glomma River at the back.

Frank Kjelgren and Asbjørn in the colony of Black-headed gulls at Kila in 1973, one of the few found away from coastal areas at the time.

A pair of Rosefinches were found nesting at the lake on June 18, 1973 by Birger, only the second nest discovered in Norway.

One of the rare migrants at the lake – a Water rail. One was spotted on October 12, 1971.

After the initial meeting with the parties involved we contacted the Hedmark County Department of Natural Resources and the Norwegian Ministry of Environmental Protection. Consultants came to the lake to evaluate the area, and the summer and autumn of 1973 were spent collecting as much data as possible in the field and putting a report together which was to serve as the foundation for the protection plan. During the field work Birger made a "second for Norway" discovery. On June 18 he found the nest of a pair of rosefinches, after having spotted the male singing already on May 26.

Asbjørn with the Norwegian Inspector General of Nature Conservation, Kristen Krogh, at Kila, Gardsjøen in 1974.

Mute swan - according to Haftorn (1971) this species had never been seen in Hedmark County. In 1970 the first nest was discovered at Gardsjøen lake.

A Bar-tailed Godwit was seen at Gardsjøen lake September 2nd, 1972. It was the very first observation of the species in the innermost part of Eastern Norway during autumn migration.

Tore Sætre made the observation of the Bar-tailed Godwit, and he also took the picture. In this picture, taken in 1977, he is surveying areas in Telemark County for the Norwegian Ministry for Environmental Protetion.

View of the eastern (top) and western (bottom) part of Gardsjøen lake.

Not just the bird life was exceptional at Lake Gardsjøen. This pike was 4 feet 1 inch long and weighed 36.4 pounds.

FUGLEFAUNAEN VED GARDSJØEN I HEDMARK

Asbjørn Sollien, Birger Nesholen,
Jan Erik Fosseidengen

Gardsjøen med Svennebytjernet i Grue kommune, Hedmark, ligger ca. 3 km sør for tettbebyggelsen Kirkenær. Den er en meander, et gammelt elveløp, som etter at Glomma i forhistorisk tid gravde seg nytt leie, er blitt liggende igjen som en grunn innsjø. Nå er den omgitt av jordbruksområder, og nærings- tilsiget herfra i tillegg til at kloakk fra Kirkenær i mange år har rent tilnærmet urenset uti nordenda av sjøen, har forårsaket at den er under ganske sterk eutrofiering.

Hovedmengden av vannet som kommer inn i Gardsjøen kommer via Tjura- åa, og avrenning fra sjøen skjer gjennom Noret, ut i Glomma. Gårdbrukerne på nordsida av sjøen har før om årene vært plaget av at Glomma ved vårflom har presset seg opp gjennom Noret, og sjøen har oversvømmet jordene. Norges Vassdrags- og Elektrisitetsvesen bygde imidlertid for noen år siden et pumpe- verk (P på fig. 1) ved Norets utløp som har eliminert en del av dette problemet.

På fig. 1, som bare må betraktes som en grov skisse av forholdene, er riks- veiens retning bare indikert, og alle gårder og gårdsveier (unntatt den over Kila) er utelatt.

Etter flere års jevnlig observering i området, særlig i trekktidene, samt gjen- nom materiale innsamlet fra personer som har bodd og ferdes her i mange år, fant vi at det pekte seg ut som det uten sammenligning fuglerikeste i kom- munen. Særlig viste observasjoner fra trekktidene at sjøen var en viktig raste- plass i regional sammenheng for ender på vårtrekk, og for vadefugler og ender på høsttrekk. At vaderne ikke opptrådte i særlig antall på vårtrekk hang sam- men med at de store mudderområdene rundt Vangen (V på fig. 1) ikke kunne utnyttes. (Vangen er et siv- og starrområde som hever seg noe opp av vannet i vestenda av sjøen. Oversvømmes om våren.)

Som følge av erfaringer vi fikk med innsamlede data, gikk vi på eget initia- tiv høsten 1972 i gang med forberedelser til fredning av sjøen og skogen rundt den. Møter med grunneierne (28 i tallet) viste en overveldende positiv inte- resse, og i løpet av sommeren og høsten 1973 utførte vi resterende feltarbeid og utarbeidet rapport i Miljøverndepartementets regi. Vi har ikke på nåværen- de tidspunkt oversikt over hvor langt saken har kommet.

Artikkelen som her foreligger, er en omredigering av nevnte rapport, samt at senere observasjoner av interesse er innarbeidet.

Under arbeidet med innsamlingen av materialet har vi hatt hjelp av flere personer, og vi finner det riktig å trekke fram og takke spesielt lærer Gunder Aas ved Grue Ungdomsskole, gårdbrukerne Bertha og Ole Kjensmo, og Georg Nilsen, ivrig jeger og observatør. Vi retter også en særlig takk til skolestyrer Kåre Almåsbak ved Grue Ungdomsskole, som velvillig stilte skriveteknisk materiell til rådighet under skriving av artikkelen.

269

1977, Sterna 16:269-279

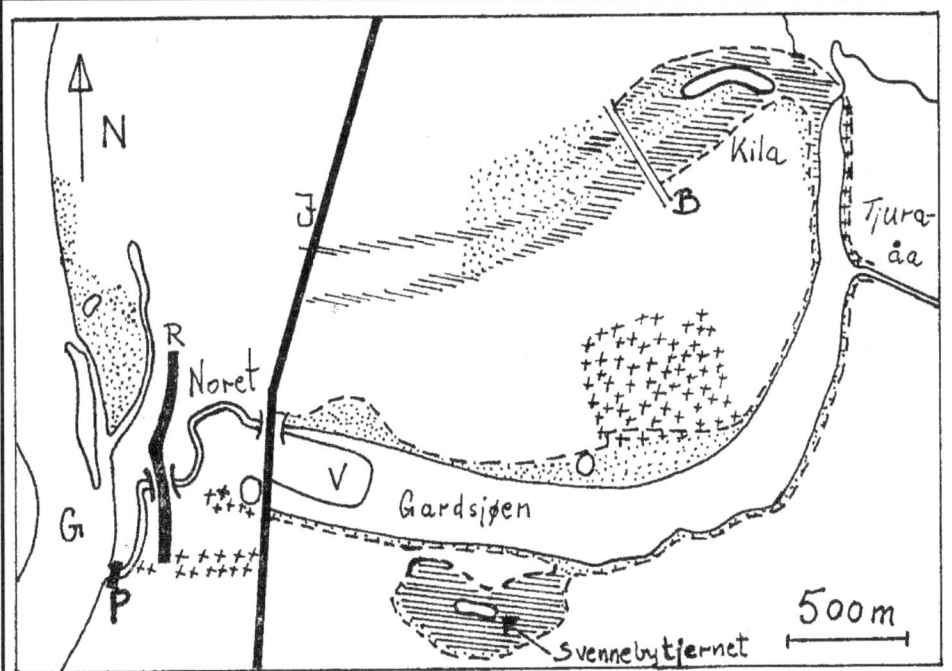

Fig. 1. Skisse av Gardsjøen. G = Glomma, P = pumpeverk, R = riksveg, J = jern-
bane, V = Vangen, B = bygdeveg. Skravert: Myr. Kryss: Barskog. Prikket: Blan-
dingsskog med tett krattsjikt og feltsjikt. Hvitt: Jordbruksarealer. Stiplet linje: Fore-
slått fredningsgrense.

Materiale og metoder

Enkeltobservasjoner i det innsamlede materialet strekker seg helt tilbake til
ca. 1918. Imidlertid er materialet fra de siste 20 år det som utgjør mesteparten,
særlig fra årene 1970-1973, da vi selv drev ganske intens observasjonsvirksom-
het ved sjøen. I denne perioden la vi særlig vekt på å holde området under
oppsikt i trekktidene, da det var klart at det var som trekkrasteplass det hadde
en av sine viktigste funksjoner. Etter 1973 har vi bare samlet observasjoner
av spesiell interesse.

Summen av innsamlede data viser at 140 arter er blitt observert ved sjøen,
og av disse har 46 arter hekket. Merk forøvrig at i denne totale oversikten er
hele området på fig. 1 medregnet, mens i takseringsresultatene *bare* sjøen og
områdene i dens *umiddelbare nærhet* er tatt med.

Ved normal vannstand ligger sjøen på ca. 150,0 mo.h. Langs hele strand-
sonen er den omgitt delvis av blandingsskog med rikt kratt- og feltsjikt, delvis
bare av kratt- og feltsjikt. I disse områdene, med rik vegetasjon mellom jord-
bruksområder og en grunn, næringsrik innsjø, slår kanteffekten ut for fullt.
Diversiteten i fuglesamfunnet blir følgelig høy, og tettheten av enkelte veltil-
passede arter likeså.

Våre takseringer egner seg imidlertid dårlig som grunnlag for utregninger av f.eks. tettheter, da ingen prøvefelter ble utlagt, og all taksering ble basert på linjetakseringer. Dessuten ble bare det relativt store og homogene kratt- og sumpområdet i Kila taksert mer enn én gang. Som en ekstra usikkerhetsfaktor kan tillegges at takseringene foregikk relativt sent i sesongen, og over et større tidsrom (11 dager i tidsrommet 15. juni — 4. juli).

Tabell I
Kvalitativ oversikt

H: Hekking påvist ved funn av reir eller unger, eller voksen fugl sett med mat i nebbet.

h: Hekking ikke påvist, men sannsynlig pga. gjentatte observasjoner eller spesiell adferd.

T: Utelukkende sett på trekk.

***: Tallrik.

**: Spredt og fåtallig.

*: Sjelden.

x: Se kommentarer til artslista.

Storlom	T*	Fasan	h**
Gråhegre	T**	Trane	T**
Sædgås x)	T*	Vannrikse x)	T*
Knoppsvane x)	H*	Myrrikse x)	*
Sangsvane	T**	Åkerrikse x)	
Gravand x)	T*	Sivhøne x)	T*
Stokkand	H**	Sothøne x)	T*
Krikkand	T***	Tjeld x)	T*
Brunnakke	T**	Sandlo	T**
Stjertand x)	T*	Dverglo x)	**
Skjeand x)	T*	Heilo	T***
Toppand	T*	Tundralo x)	T*
Bergand x)	T*	Vipe	H**
Kvinand	T***	Dvergsnipe	T**
Laksand x)	T*	Temmincksnipe x)	T*
Fiskeørn x)	**	Myrsnipe	T***
Vepsevåk x)	*	Polarsnipe x)	T*
Hønsehauk	**	Brushane	T***
Spurvehauk	**	Sotsnipe x)	T*
Fjellvåk x)	T*	Rødstilk	T*
Musvåk x)	T*	Gluttsnipe	T**
Kongeørn x)	*	Skogsnipe	**
Lerkefalk x)	T*	Grønnstilk	T*
Tårnfalk	T**	Strandsnipe	h**
Storfugl x)	H*	Lappspove x)	T*
Rapphøne x)		Storspove	h**

Rugde	h**	Gjerdesmett x)	H*
Enkeltbekkasin	H***	Jernspurv	h***
Dobb.bekkasin x)	T*	Gulsanger x)	*
Kvartbekkasin x)	T*	Hagesanger	H***
Svømmesnipe x)	T*	Munk	H**
Hettemåke x)	H***	Tornsanger	H**
Gråmåke x)	T*	Møller	h*
Svartbak x)	T*	Løvsanger	H***
Fiskemåke	H*	Fuglekonge	H*
Makrellterne	**	Hagefluesnapper	H**
Ringdue	H**	Grå fluesnapper	H**
Skogdue x)	H*	Buskskvett	H***
Turteldue x)	T*	Steinskvett	H**
Gjøk	**	Rødstjert x)	
Snøugle x)	*	Rødstrupe	H***
Hornugle	*	Blåstrupe x)	T*
Jordugle x)	h*	Gråtrost	H***
Perleugle	H*	Svarttrost	`**
Spurveugle x)		Rødvingetrost	h**
Haukugle x)	T*	Måltrost	h**
Tårnseiler	H***	Stjertmeis	**
Hærfugl x)	T*	Granmeis	H***
Grønnspett	H*	Toppmeis	**
Gråspett x)	*	Svartmeis	**
Svartspett	*	Blåmeis	H***
Flaggspett	**	Kjøttmeis	H***
Dvergspett x)	*	Spettmeis x)	*
Låvesvale	H***	Trekryper	H**
Taksvale	H***	Gråspurv	H***
Sanglerke	H**	Pilfink x)	H*
Trepiplerke	*	Bokfink	H***
Heipiplerke	T***	Bjørkefink	***
Gulerle x)		Grønnfink	h**
Linerle	H***	Grønnsisik	H**
Tornskate x)		Tornirisk x)	H*
Varsler	T*	Gråsisik	T***
Stær	H***	Rosenfink x)	H*
Nøtteskrike	**	Grankorsnebb	**
Skjære	H***	Dompap	**
Kaie	***	Gulspurv	H***
Kornkråke x)	T*	Hortulan	h**
Kråke	H***	Sivspurv x)	H***
Ravn	**	Snøspurv x)	T***
Sidensvans	**		
Fossekall x)	**		

272

Taksering av hekkebestanden
Takseringene foregikk fra daggry til kl. 0800—0900 om morgenen. Dessuten ble enkelte natt-takseringer foretatt. Metoden var linjetaksering, og under arbeidet var som regel tre personer i aktivitet. Vi holdt da den avstand mellom oss som vi til enhver tid fant hensiktsmessig (sett i relasjon til terrengets beskaffenhet), for at sjansene til å oppdage hekkende arter skulle være størst mulig. På større flater med gress-, starr- og sivvegetasjon trakk vi et langt tau mellom oss for på denne måten lettere å oppdage særlig hardt-trykkende arter.
Se ellers under «Materiale og metoder».

Tabell II
Resultater av takseringene
H og h: Samme betydning som for tabell I.

Art	Antall territorier	H/h	Merknader
Hettemåke	99	H	
Sivspurv	33	H	+ tilfeldige obs.
Bokfink	24	H	
Løvsanger	22	H	
Hagesanger	20	H	
Rødstrupe	15	H	
Gulspurv	11	H	+ tilfeldige obs.
Buskskvett	10	H	+ tilfeldige obs.
Blåmeis	9	H	
Kjøttmeis	9	H	
Enkeltbekkasin	8	H	
Linerle	7	H	
Jernspurv	7	h	
Granmeis	5	h	
Hortulan	4	h	
Sanglerke	3	H	
Munk	3	H	
Tornsanger	3	h	
Grå fluesnapper	3	H	
Rødvingetrost	3	h	
Ringdue	2	h	
Skjære	2	H	+ tilfeldige obs.
Hagefluesnapper	2	H	
Måltrost	2	h	
Vipe	1	h	
Strandsnipe	1	h	
Grønnspett	1	H	
Stær	1	H	
Kråke	1	H	+ tilfeldige obs.

Art	Antall territorier	H/h	Merknader
Møller	1	h	
Fuglekonge	1	H	
Gråtrost	1	H	+ tilfeldige obs.
Trekryper	1	H	
Grønnsisik	1	h	
Tornirisk	1	H	
Rosenfink	1	H	
Gråhegre			Tilfeldige obs.
Stokkand			Tilfeldige obs.
Krikkand			Tilfeldige obs.
Vepsevåk			1 obs.
Spurvehauk			1 dødt ind.
Fiskeørn			Tilfeldige obs.
Fasan			1 obs.
Dverglo			1 obs.
Rugde			Tilfeldige obs.
Storspove			Tilfeldige obs.
Skogsnipe			Tilfeldige obs.
Fiskemåke			Vanl. forekom.
Makrellterne			Tilfeldige obs.
Tårnseiler			Vanl. forekom.
Flaggspett			Tilfeldige obs.
Låvesvale			Vanl. forekom.
Taksvale			Vanl. forekom.
Nøtteskrike			Tilfeldige obs.
Kaie			Tilfeldige obs.
Gulsanger			1 obs.
Steinskvett			Tilfeldige obs.
Rødstjert			1 obs.
Svarttrost			1 obs.
Gråspurv			Tilfeldige obs.
Dompap			1 obs.

Artskommentarer

I artskommentarene vil opplysninger fra Gunder Aas, Bertha og Ole Kjensmo og Georg Nilsen være merket med henholdsvis (GAa), (BOK) og (GN). Andre observatører vil være oppgitt med fullt navn. Opplysninger uten henvisning til observatør(er) er fra forfatterne.

Sædgås, *Anser fabalis*. Ett ind. holdt sammen med 12 knoppsvaner 22. og 23. mai 1973.

274

Knoppsvane, *Cygnus olor.* Har iflg. (GN) vist seg i sjøen først i de senere år. En mislykket hekking i 1970 (grunnet ustabil vannstand og forstyrrelser). Ett par (det samme?) skal også ha forsøkt å hekke et senere år (1971 eller 1972), men dette har ikke latt seg verifisere. Flere ind. oppholder seg imidlertid i sjøen hver vår, til ut i juni. I 1973 lå 12 stk. der i denne perioden, men bare 2 av dem (som holdt sammen) var etter hva vi kunne skjønne, forplantningsdyktige. Utviklingen må ha sammenheng med ekspansjonen i den ville europeiske stammen.

Gravand, *Tadorna tadorna.* En ♀ 18. april 1976.

Stjertand, *Anus acuta.* Et par 30. april 1970.

Skjeand, *Anas clypeata.* Seks obs. av par og enkeltind. på vårtrekk i perioden 1970-1976.

Bergand, *Aythya marila.* En ♂ primo mai 1971 og minst 1 ind. våren 1974 (GAa).

Laksand, *Mergus merganser.* Et par 11. april 1971, 1 par 11. april 1972.

Fiskeørn, *Pandion haliaëtus.* Sjøen brukes som fast fiskeplass for minst ett par som antas å hekke i kommunen.

Vepsevåk, *Pernis apivorus.* Ett ind. under takseringene i 1973.

Fjellvåk, *Buteo lagopus.* Ett ind. ca. 15. september 1971 (Gunvald Tørmoen).

Musvåk, *Buteo buteo.* Ett ind. våren 1971 (Berit Edsberg), 3 ind. 3. august 1974.

Kongeørn, *Aquila chrysaëtos.* En juv. desember 1957 (GAa).

Lerkefalk, *Falco subbuteo.* Ett ind. sett på kort avstand, i lav flukt. Fløy langs, og i høyde med jernbanelinja, som er bygd opp med fylling på ca. 4 m. Ca. 1. september 1971 (Gunvald Tørmoen).

Storfugl, *Tetrao urogallus.* To forekomster kjent, begge hekkinger, ca. 1941 og i 1971 (BOK).

Rapphøne, *Perdix perdix.* Iflg. (GN) fantes en fast stamme i området rundt år 1920, og han antar at de hekket. Stammen forsvant imidlertid etterhvert, og arten er ikke observert siden.

Vannrikse, *Rallus aquaticus.* Ett ind. sett på 3-4 m avstand på jernbanefyllinga 12. oktober 1971. Iflg. Haftorn (1971) 6. innlandsobservasjon i Norge.

Myrrikse, *Porzana porzana.* Ett ind. sang minst 1 mnd. sommeren 1951 (BOK). Ett ind. ultimo mai 1975, ett ind. månedsskiftet mai/juni 1976.

Åkerrikse, *Crex crex.* Iflg. (GN) fant siste hekking sted mellom 1935 og 1940. Siste ind. hørt ca. 1950. Hittil eneste sikre obs. etter dette er ett ind. som sang 23. juli 1972 (BOK — kontrollert av forf.). Denne hadde da sunget 4-5 dager.

Sivhøne, *Gallinula chloropus.* Ett ind. skutt ca. 2. september 1971 (Gunvald Tørmoen). Ett ind. i månedsskiftet mai/juni 1976.

Sothøne, *Fulica atra.* En syk ungfugl funnet 17. april 1970. Tydeligvis indre skader (blod i avføringa), og den døde kort etter. Ett ind. 7. mai 1974 (GAa).

Tjeld, *Haematopus ostralegus.* Ett ind. i mai 1972 (GAa).

Dverglo, *Charadrius dubius.* Sommerobs.: 1 ind. hørt gjentatte ganger sommeren 1973.

Tundralo, *Pluvialis squatarola*. Ett ind. 20. september 1971, 2 ind. sammen 18. og 19. september 1973. Iflg. Haftorn (1971) foreligger bare 3 innlandsobs. siden århundreskiftet.

Temmincksnipe, *Calidris temminckii*. Ett ind. skutt primo sept. ca. 1965 (Magne Dahl). Dessuten 4 obs., derav 3 på høsttrekk, 1970-1972, 1-5 ind.

Polarsnipe, *Calidris canutus*. 8-9 ind. 21. august 1970, 1 ind. 26. september 1971. Iflg. Haftorn (1971) er dette 4. og 5. innlandsobs. i Norge. (Den 3. har vi selv, fra en annen lokalitet i kommunen, 2. august 1970.) Hvis polarsnipa er så sjelden i innlandet som litteraturen gir inntrykk av, noe som neppe er tilfelle, *kunne* dette dreie seg om samme ind. som ble sett av T. Vedum i Akersvika 24. juli s.å.

Sotsnipe, *Tringa erythropus*. Syv obs. på høsttrekk i perioden 1970-1973 av 1 til 3-4 ind.

Lappspove, *Limosa lapponica*. Ett ind. 2. september 1972 (Tore Sætre).

Dobbeltbekkasin, *Gallinago media*. Ca. 10 ind. skutt på høsttrekk i perioden ca. 1966-1970 (Magne Dahl).

Kvartbekkasin, *Lymnocryptes minimus*. Ett ind. skutt høsten ca. 1967 (Magne Dahl). Ett ind. 12. oktober 1971, 2 ind. 14. oktober, og igjen 1 ind. 17. oktober s.å.; 3 ind. 4. og 5. oktober 1973.

Svømmesnipe, *Phalaropus lobatus*. Ett ind. 21. august 1970.

Hettemåke, *Larus ridibundus*. Koloni, iflg. våre iakttagelser opprettet i 1973. En kjenner ikke til hekking før dette. Kolonien besto opprinnelig av 3-400 reir (Asbjørn Holmen og Frank Kjelgren), men ca. 3/4 av reirene ble oversvømt i en kortere flomperiode.

Gråmåke, *Larus argentatus*. Tolv ind. 24. mai 1971.

Svartbak, *Larus marinus*. Ett ind. i mars måned i 1930-årene (GN), 2 ind. 1. mai 1976.

Skogdue, *Columba oenas*. To kjente obs., begge hekkinger, i holker i 1967 (Knut Hordvik).

Turteldue, *Streptopelia turtur*. Ett ind. skutt 26. september 1971 (GN).

Snøugle, *Nyctea scandiaca*. Ett ind. sett sittende på et gjerde vinteren ca. 1963 av 2-3 observatører (GAa).

Jordugle, *Asio flammeus*. Tegn som tyder på hekking: 2 ind. sett i juli måned «en gang i 1930-årene», det ene skutt (GN). En juv. skutt høsten ca. 1957, ytterligere 3 ind. sett sammen med denne (GAa).

Spurveugle, *Glaucidium passerinum*. Hamstring av byttedyr i holker har forekommet, således vinteren 1968/1969 (Knut Hordvik).

Haukugle, *Surnia ulula*. Ett ind. høsten 1967. Antagelig fulgte den i kjølvannet av en pågående invasjon av bjørkefink.

Hærfugl, *Upupa epops*. Ett ind. sett på 3-4 m avstand på gårdstun 19. og 20. november 1976 (Nils Rugsveen).

Gråspett, *Picus canus*. Ett ind., i 1968 eller 1969 (BOK).

Dvergspett, *Dendrocopos minor*. En ♂ 20. august 1974.

Gulerle, *Motacilla flava*. Rasen *M.f. thunbergi* (såerle) forekommer vanlig, men fåtallig, på trekk vår og høst.

Tornskate, *Lanius collurio*. Iflg. (GN) hekket den vanlig inntil ca. 1920. Hekking tilsynelatende nå mer tilfeldig, og ingen sikre sådanne fra de senere år (etter 1970). Arten sees dog ofte på trekk vår og høst.

Kornkråke, *Corvus frugilegus*. Iflg. (GN) sett på vårtrekk i 1966 eller 1967.

Fossekall, *Cinclus cinclus*. Ett eller flere ind. overvintrer i utløpet av Tjuraåa hvert år.

Gjerdesmett, *Troglodytes troglodytes*. En mislykket hekking kjent (ikke tidfestet), dessuten ytterligere 3 obs., sist i 1967 (GN).

Gulsanger, *Hippolais icterina*. Ett ind. i månedsskiftet mai/juni 1972 (GAa), 1 ind. 1. juli 1973, 1 ind. 27. juni 1976.

Rødstjert, *Phoenicurus phoenicurus*. Hekket iflg. (BOK) hvert år inntil 1966/1967. Ett ind. sett under takseringene i 1973.

Blåstrupe, *Luscinia svecica*. Ett ind. 27. august 1972 (Tore Sætre). 2 ♂♂ 29. august 1972 (Berit Edsberg).

Spettmeis, *Sitta europaea*. Ett ind. på fôringsbrett i slutten av 1950-årene (BOK).

Pilfink, *Passer montanus*. Arten opptrådte på fôringsbrett i 1966 og 1967 (BOK). Ett par hekket i 1974 (Dag Raaberg).

Tornirisk, *Acanthis cannabina*. Under takseringene i 1973 ble 1 ♂ observert matende utfløyne juv. 29. juni og 13. juli.

Rosenfink, *Carpodacus erythrinus*. Hekking påvist i 1973, da 5 juv. ble klekt av 5 lagte egg. (♂ første gang hørt 26. mai, reir funnet 18. juni, klekking skjedde 24. juni, juv. fløyet ut ved kontroll av reiret 7. juli.) ♂ var i dette tilfellet utfarget. Dessuten: 1 ♂ (utfarget) sang like ved nevnte lokalitet fra 16. juni og utover sommeren 1974. På tross av at fuglens oppførstel tydet på at hekking foregikk, ble intet reir funnet. En ♂ (ikke utfarget) sang på samme lokalitet 22. juni 1976. Denne fuglen manglet fullstendig rødt i fjærdrakta.

Sivspurv, *Emberiza schoeniclus*. (BOK) mener at arten kan ha hekket siden 1958. Første kjente reirfunn i 1968, 1 reirfunn også i 1970 (GAa). I 1971 hadde (BOK) minst 3 sikre hekkinger, og det er videre klart at en bestandsøkning tydeligvis har gått meget raskt for seg. Fra 1972 foreligger ingen resultater fra sjøen, men under takseringene i 1973 kom vi fram til at med de tilstøtende områder kunne antall hekkende par være ca. 40. Utviklingen følger tilsynelatende den ekspansjon som sivspurven har hatt i lavlandet de senere år (Haftorn 1971).

Snøspurv, *Plectrophenax nivalis*. Meget stor flokk observert 30. mars 1975: 4-5000 ind. Den 31. mars såes 100-150 ind., og 5. april 400-450 ind. sammesteds. Disse observasjonene stemmer overens med lignende obs. gjort i nabokommunene samtidig; tydeligvis ekstra stort trekk.

Konklusjon

Kvalitativt sett spenner det innsamlede materialet over et meget vidt spekter av arter, og det er neppe representativt for alle lignende sjøer i Østlandsområdet, til det er artsantallet for stort. Hele 140 arter på et så lite område

Hettemåkekolonien i Kila.   Foto: Birger Nesholen.

Litt av mudderområdet utenfor Vangenspissen. I nederste billedkant sees vegetasjons-
typen på selve Vangen.   Foto: Birger Nesholen.

278

er bemerkelsesverdig, og medvirkende årsaker til dette høye antallet må bl.a. være at vi har observasjoner fra et stort tidsrom.

Imidlertid gir det et godt innblikk i fuglefaunaen ved en kulturpåvirket østlandssjø som typeområde, og lignende oversikter fra disse trakter er såvidt vites ikke før gitt.

Sin viktigste funksjon har området som trekkrasteplass, og som hekkelokalitet for spurvefugler. Kvantitativt kan denne lille sjøen selvsagt ikke sammenlignes med større trekklokaliteter, som f.eks. Akersvika ved Hamar. Men en må ha øynene åpne for hvilken rolle slike områder som Gardsjøen spiller i *regional* sammenheng, og her er betydningen utvilsomt stor.

Litteratur

Haftorn, S. 1971: *Norges fugler.* Universitetsforlaget. 862 s.

Sollien, Nesholen & Fosseidengen, 1976: *Fuglefaunaen i Grue.* Privat publikasjon. 78 s.

Summary: Birds of Gardsjøen lake, E. Norway.

The authors give a review of the birds recorded at Gardsjøen lake, Grue commune, Hedmark county. Gardsjøen is a small eutrophic lake of great importance for migrating birds in this district, especially ducks and wading-birds. So far 140 species have been recorded, of which 46 are shown to breed or have bred. Some of the rarest visitors have been *Streptopelia turtur, Rallus aquaticus* (1971) and *Carpodacus erythrinus* (bred 1973).

Authors' addresses: Sollien, 2265 Namnå,
    Nesholen, 2260 Kirkenær,
    Fosseidengen, 2265 Namnå.

Gardssjøen skal nå fredes

G 14/6 1978

137 dyrearter registrert

Grue kommune går inn for å frede Gardssjøen som naturreservat. Arealet er på ca. 1.3 kvadratkilometer, hvorav ca. 1 kvadratkilometer er dekket av vann. Det er en hel rekke grunneiere inntil sjøen. Formålet med fredningen er å bevare et viktig våtmarksområde i sin naturgitte tilstand og å verne om de spesielle landskapsformene, vegetasjonen, det rike og interessante fuglelivet og annet dyreliv som finnes i dette området.

Fredningen innebærer en rekke restriksjoner som er nærmere angitt. All jakt og fangst blir forbudt, likdan motorisert ferdsel. Det siste har heller ikke vært særlig aktuelt. Forvaltningene av fredningsbestemmelsene for reservatet blir tillagt Hedmark fylkesskogkontor.

Vi har tidligere omtalt den ver-

difulle kartleggingen av dyrelivet i Gardssjøen som er foretatt av Nesholen—Sollien og Fosseidengen som har avgitt rapport til Miljøverndepartementet. Det er registrert ikke mindre enn 137 dyrearter i dette området, hvilket de færreste ville ha trodd.

Ø 16/6 1978

Fredning av Gardsjøen i Grue

I medhold av lov om naturvern av 19. juni 1970 nr. 63 foreligger forslag om at et våtmarksområde omkring Gardsjøen i Grue kommune blir fredet som naturreservat under navnet «Gardsjøen naturreservat».

Området berører følgende gnr./br.nr.:
24/1 m. fl., 25/1, 25/2 m. fl., 26/3, 26/5 m. fl. 27/1 m. fl., 27/2, 28/1 m. fl., 28/2, 28/4, 29/2, 37/1, 37/46, 38/1, 38/28, 39/1, 40/1, 40/28, 41/1, 41/2, 41/38, 41/70, 42/22,70, 42/39,57, 42/54, 42/55, 42/58, 42/69, 42/92 og 42/147.

Arealet er ca. 1,3 km², av dette ca. 1,0 km² vannareal.

Formålet med fredningen er å bevare et viktig våtmarksområde i sin naturgitte tilstand og å verne om de spesielle landskapsformene, vegetasjonen, det rike og interessante fuglelivet og annet dyreliv som finnes i området.

Saksdokumentene er utlagt til offentlig ettersyn på formannskapskontoret inntil 15. august 1978.

Grue kommune.

In 1978 the local newspapers confirmed that the protection of the lake would be put into effect, and listed all the farms which would be affected. No hunting would be allowed – a key element in the approval of the protection by the farmers. They had been looking forward to preventing scores of hunters from invading their fields every autumn, listening to the shooting they described as "sounding like a war".

On December 18, 1981 the protection of Gardsjøen lake as a "nature reserve" was enacted into law, nine years after we took our initiative.

The Goshawk

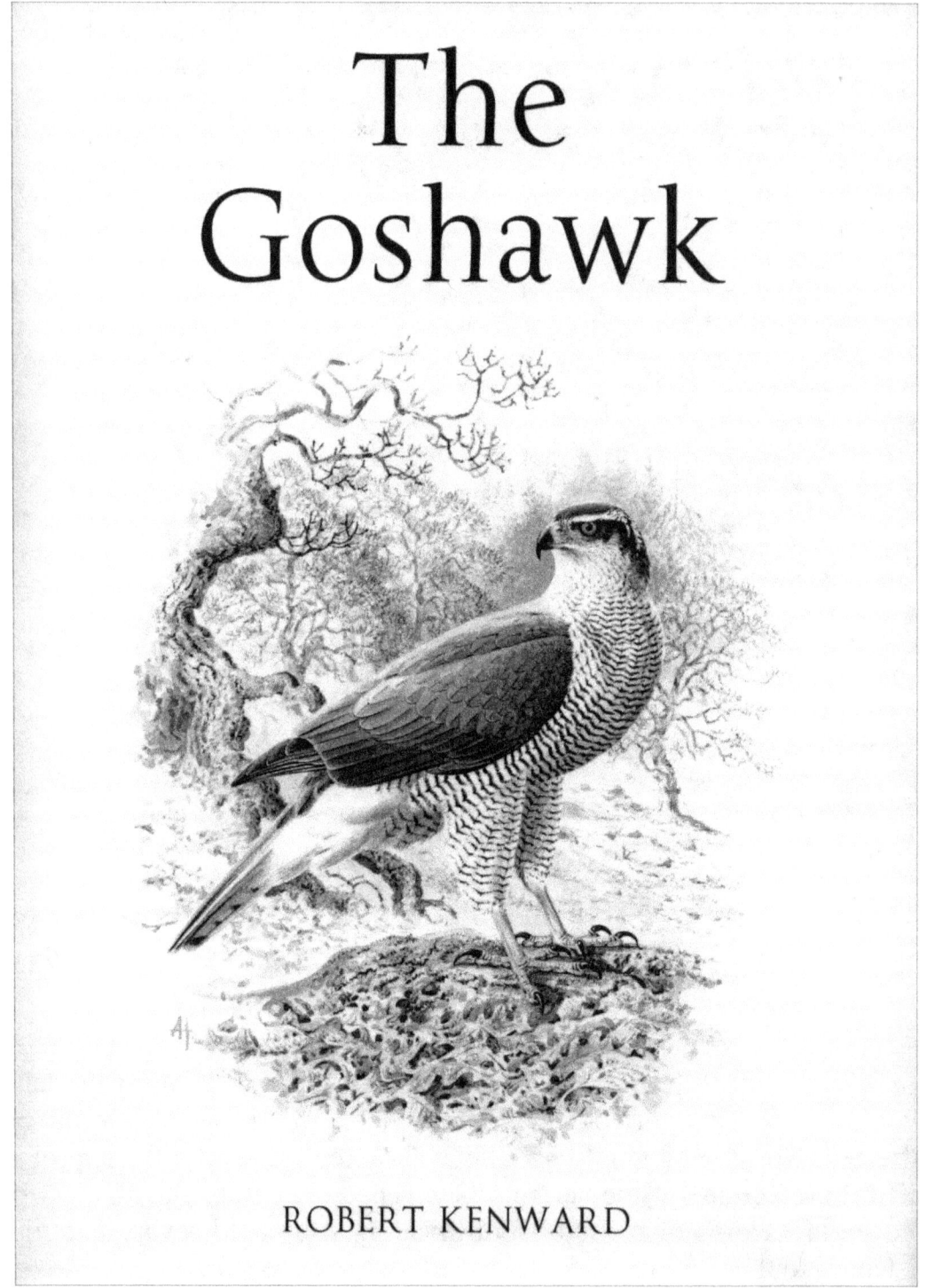

ROBERT KENWARD

The article about movements in the Norwegian Goshawk population (next page) is referenced in the largest monography written about the species in Europe, by the British professor Robert Kenward.

Movements of Norwegian Goshawk.

Published in Vår Fuglefauna, the quarterly periodical of the Norwegian Ornithological Society, in 1978. This periodical replaced STERNA that year.

The Goshawk has had a contentious relationship with human beings for hundreds of years – may be even longer. Regarded as the toughest predator on forest hens, domestic hens and hares, it was hunted mercilessly. From 1845 to 1971 there was a bounty on its head in Norway, and more than 330 000 bounties were claimed for goshawks shot or trapped. After its protection in 1971 hunters were clamouring to have the bounty reinstated - or at least to be able to hunt the hawk during the winter. As the discussion raged back and forth I found it puzzling that nobody in the scientific community made any effort to bring hard facts to the table, and decided to look at the Norwegian recoveries of tagged birds – which, surprisingly, nobody had ever analysed - to see if that could give any indication as to the effect of winter hunting on the population of Goshawk.

Bernt-Erik Sæther, today a professor at the University of Technical Natural Science in Trondheim, was a fellow student and a friend of mine at the time I wrote the article about the movements of Norwegian Goshawks. He had decisive input on the statistical calculations for the mortality of the population. In 2010 he received the European Union Council's Advanced Research Grant followed by the Norwegian Research Council's highest award for cross-science research in 2013, having won international acclaim for his mathematical-statistical models for the evolution of bird populations based on studies of House sparrows across 17 different islands over 22 years. In 2015 he received the Wildlife Society's (Bethesda, Maryland, USA) Publication Award for the best scientific paper on wildlife, published in The American Naturalist: *Evolutionary Consequences of Non-Selective Harvesting in Density-Dependent Populations.*

In Telemark County, 1977, surveying for the Norwegian Ministry of Environmental Protection, at the time I wrote about the Goshawk. My binoculars are Japanese - Mirador 8 x 40 - the preferred choice among ornithologists because of its superior optics at a reasonable price.

Vandringer hos norsk hønsehauk

Betraktninger omkring jakt på hønsehauk, sett på bakgrunn av norsk ringmerkingsmateriale

ASBJØRN SOLLIEN

I debatten om vinterjakt på hønsehauk er det blitt hevdet at en slik beskatning fortrinnsvis vil ramme eldre, stasjonære individer som en antar øver det største predasjonstrykket på våre jaktbare skogsfugler i vinterhalvåret. For å kaste lys over enkelte sider av denne argumentasjonen, og for å gi et bilde av hvordan en slik jakt muligens vil virke, er det norske ringmerkingsmaterialet behandlet, hovedsakelig etter modell av Høglund (1964).

Tab. 1. Antall gjenfunn av hønsehauk merket i Norge.

Ringmerket	Reirunger	Ungfugler	Voksne	Tot
Sør-Norge	87	29	8	124
Midt-Norge	54	2	2	58
Nord-Norge	4	0	0	4
Totalt	145	31	10	186

MATERIALE OG METODER

Det er i tidsrommet 1937 — 1976 ringmerket 836 hønsehauker i Norge (Holgersen 1977 og pers. medd., Ringmerkingssentralen i Oslo i brev). Av disse er 187 (22,4%) gjenfunnet i samme tidsrom. Ett gjenfunn er utelatt i den videre behandling fordi ringmerkingsdato ikke er kjent.

Ved behandling av gjenfunn er landet delt i tre regioner, Sør-Norge (sør for 61°N), Midt-Norge (61°N — 65°N) og Nord-Norge (nord for 65°N). En oversikt over materialet er gitt i tab. 1.

Av gjenfangstmaterialet er 145 individer ringmerket som reirunger, 31 som ungfugl, (før utgangen av 18. levemåned) og 10 som voksne. 67% av alle gjenfunn er av individer merket i Sør-Norge, mens bare 4 er gjenfunnet av de nordnorske merk-

Tab. 2. Dødsårsaker og funnomstendigheter oppgitt for hønsehauk merket i Norge.
x): En ring funnet i gulpebolle.

	Gjenfunnet som					
	Ungfugler		Voksne		Totalt	
Dødsårsak	n	%	n	%	n	%
Skutt	43	31,6	20	43,5	63	34,6
Felle, saks	9	6,6	6	13,1	15	8,3
F. hønsegård	1	0,7	1	2,2	2	1,1
Funnet død,						
— Årsak ukjent	35	25,8	6	13,1	41	22,3
— Kraftledning	10	7,4	2	4,3	12	6,6
— Mot bygning	2	1,5	2	4,3	4	2,2
— «I garn»	1	0,7 } 36,8		} 26,0	1	0,6 } 34,0
— Oljetilsølt	1	0,7			1	0,6
— Som rester	1	0,7			1	0,6
— Bare ringen			2x)	4,3	2	1,1
Fun. skadet	7	5,2	2	4,3	9	5,0
Fun. syk, døde	1	0,7			1	0,6
Kontrollert	9	6,6	4	8,7	13	7,1
D. ikke oppg.	16	11,8	1	2,2	17	9,3
Totalt	136	100,0	46	100,0	182	100,0

1978, Vår Fuglefauna 1: 52 - 59

ingene. Materialet fra Nord-Norge er derfor utelatt i den videre behandling. En betydelig del av de midt-norske haukene er merket i Røros-området.

Dødsårsaker (tab. 2) er behandlet separat for individer gjenfunnet som ungfugl og for individer gjenfunnet som voksne. Et individ regnes som voksent etter utgangen av 18. levemåned. Voksen fjærdrakt er fullt utviklet etter 1½ år (Haftorn 1971). Fire gjenfunn er utelatt fra tabellen, da det har vært umulig å fastslå om disse ble gjenfunnet som ungfugl eller som voksne.

Ett leveår for individer merket som reirunger er definert som ett år fra ringmerkingsdato. Dødelighet hos voksne er beregnet på grunnlag av individer gjenfunnet etter 2. leveårs utang. For det norske gjenfangstmaterialet betyr dette fra og med 3. til og med 9. leveår. Forventet dødelighet for 3. til 9. leveår er beregnet etter følgende formel:

$$M = \frac{N}{\geq X \, d_X}$$

N = antall gjenfunn, x = antall år etter 2. leveårs utang,
d_X = antall gjenfunn i år x.

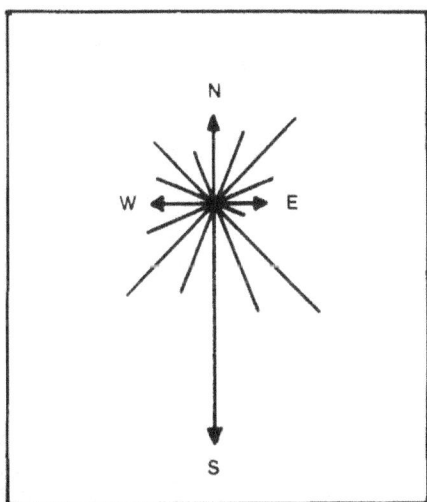

Fig. 1. Vandringenes retning for hønsehauk merket som reirunger. Pilenes lengde er proporsjonal med antall gjenfunn.
Directions of movements of young Goshawks.

VANDRINGER

Fig. 1 viser hvordan ungfugl både i Sør- og Midt-Norge trekker i tilsynelatende tilfeldig retning ut fra reiret. Dette er påvist også i Sverige, Øst-Tyskland og Finland (Høglund 1964, Unger 1971, Saurola 1976).

Fig. 2 og fig. 3 viser geografisk spredning første sommer, for hauk merket henholdsvis i Sør- og Midt-Norge.

Trekkets lengde de 9 første levemåneder er imidlertid forskjellig hos sør- og midt-norske unghauker. Dette går bl.a. fram av tab. 3. Mens bare ca. halvparten av sørnorske unghauker trekker mer enn 50 km ut fra reiret i denne perioden, trekker ca. ¾ av de midtnorske lenger enn denne distansen. Tab. 4 viser at den gjennomsnittlige avstand mellom merkested og gjenfunnssted er mer enn dobbelt så lang for midtnorsk hønsehauk som for sørnorsk. Lengste avstand for midtnorsk og sørnorsk hauk er henholdsvis ca. 880 og ca. 520 km.

Trekkets hastighet er også forskjellig hos midtnorsk og sørnorsk unghauk. Hauk fra Midt-Norge trekker gjennomgående raskere ut av området de er født i, noe som illustreres av fig. 4.

Fig. 5 og 6 viser den geografiske spredning av gjenfunn første høst og vinter, henholdsvis for Sør- og Midt-Norge. De fleste sørnorske hønsehauker er vinters tid funnet innenfor en avstand av ca. 300 km fra klekkestedet. Overvintringsområdene ligger hovedsakelig langs kysten av Sør-Norge og i Oslofjord-området.

En mindre del oppholder seg i sentrale deler av Sør-Norge, mens enkelte trekker sørover til Sør-Sverige og Danmark.

Midtnorske unghauker ser ut til å ha noe forskjellige trekkretninger. Individer merket i Røros-traktene er gjenfunnet hovedsakelig i Sørøst-Norge og i Sør-Sverige/Danmark (1 individ i Finland). Individer merket i Trøndelag, Møre og Romsdal er derimot gjenfunnet hovedsakelig langs Trondheimsfjorden og langs kysten av Vest- og Nordvestlandet. De fleste hønsehauker født i denne regionen overvintrer innenfor en avstand av ca. 400 km fra klekkestedet.

Fig. 7 og 8 viser den geografiske spredning av sommergjenfunnene (2.

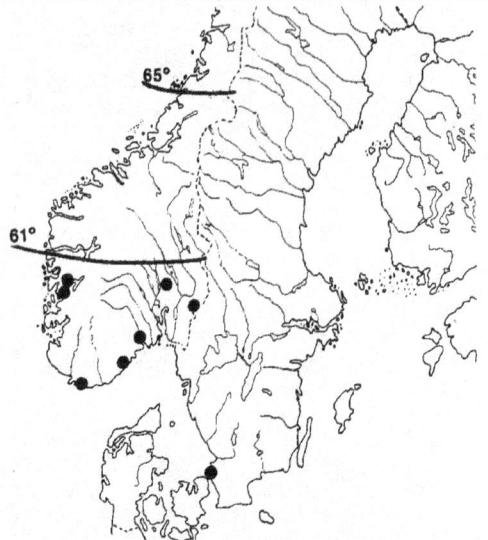

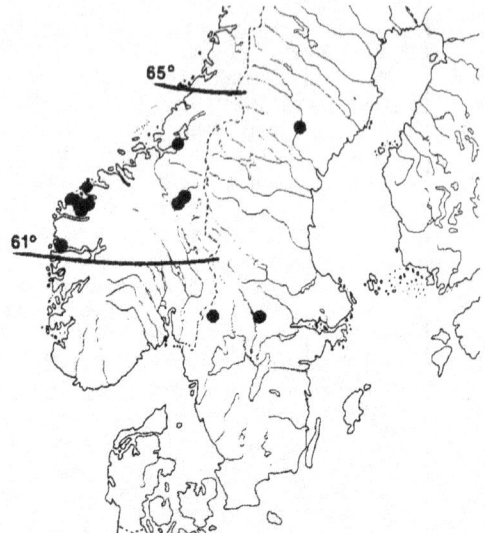

Fig. 2. Spredning første sommer hos hønsehauk merket som reirunger i Sør-Norge.
Summer recoveries of young Goshawks ringed in Southern Norway.

Fig. 3. Spredning første sommer hos hønsehauk merket som reirunger i Midt-Norge.
Summer recoveries of young Goshawks ringed in Middle Norway.

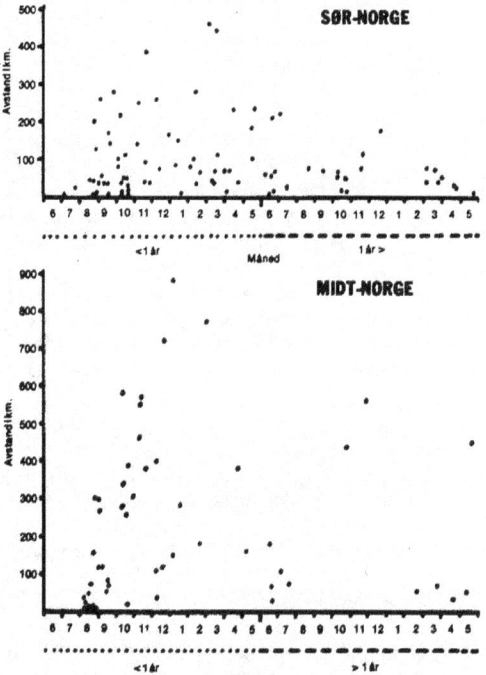

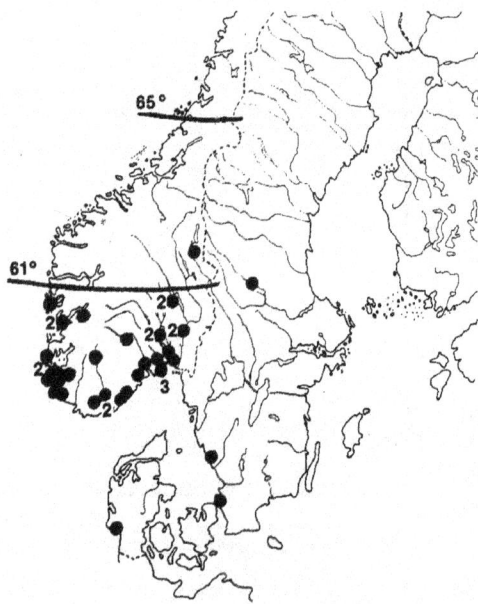

Fig. 4. Gjenfunnsmåned og avstand fra merkingplassen for hønsehauk merket som reirunger i Sør-Norge og Midt-Norge.

Distance in km from ringing place in relation to age (in months) of recovered birds ringed as nestlings in Southern and Middle Norway.

Fig. 5. Spredning første vinter hos hønsehauk merket som reirunger i Sør-Norge. (Tall ved et symbol angir antall gjenfunn på samme lokalitet.)

Winter recoveries of young Goshawks ringed as nestlings in Southern Norway.

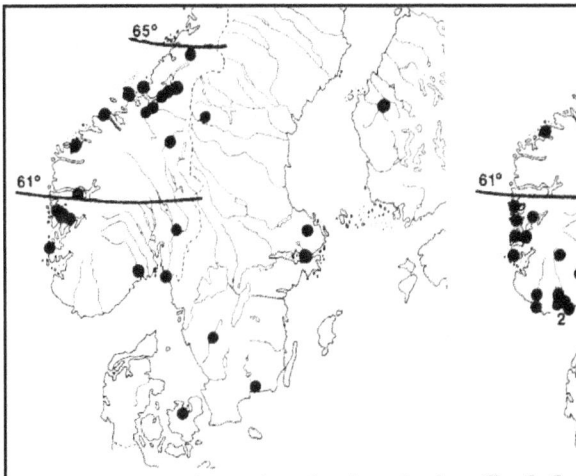

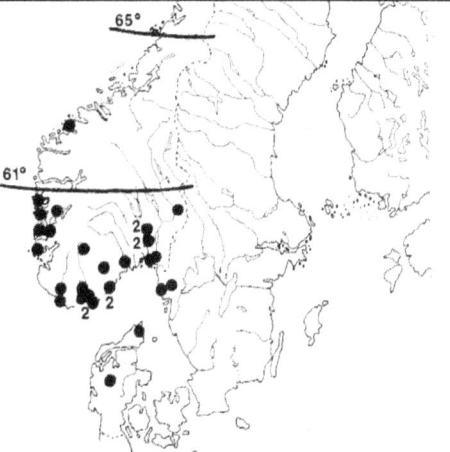

Fig. 6. Spredning første vinter hos hønsehauk merket som reirunger i Midt-Norge.

Winter recoveries of young Goshawks ringed as nestlings in Middle Norway.

Fig. 7. Sommergjenfunn av hønsehauk merket som reirunger i Sør-Norge. Betydningen av tall ved et symbol, se fig. 5.

Summer recoveries of adult Goshawks ringed as nestlings in Southern Norway.

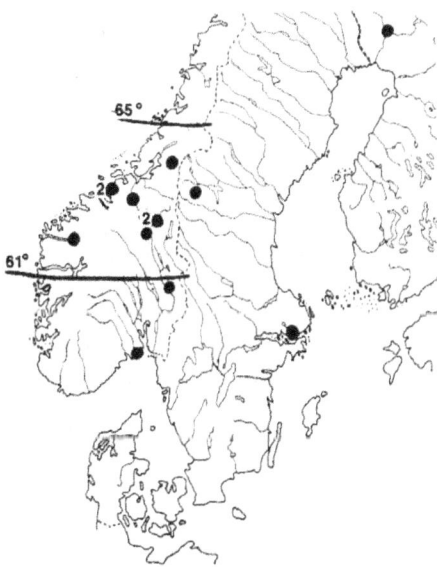

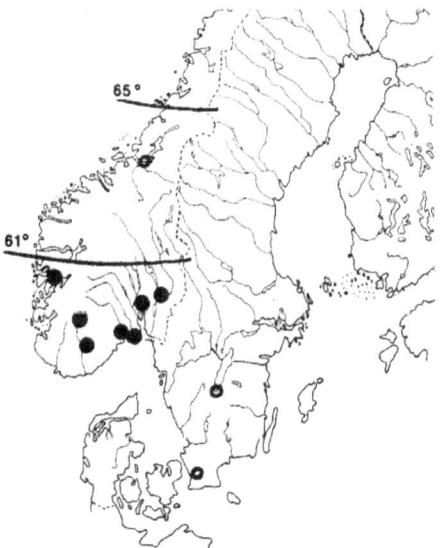

Fig. 8. Sommergjenfunn av hønsehauk merket som reirunger i Midt-Norge. Betydningen av tall ved et symbol, se fig. 5.

Summer recoveries of adult Goshawks ringed as nestlings in Middle Norway.

Fig. 9. Vintergjenfunn av hønsehauk merket som reirunger i Sør-Norge (●) og Midt-Norge (O), eldre enn ett leveår.

Winter recoveries of adult Goshawks ringed as nestlings in Southern Norway (●) and Middle Norway (O).

Tab. 3. Avstand mellom merkested og gjenfunnssted for hønsehauk merket som reirunger og gjenfunnet før 1. mars 2. kalenderår.

Merket	Antall	Juni — Aug.		Sept.—Nov.		Des.—Febr.		Total	
		<50 km	>50 km	<50 km	>50 km	<50 km	>50 km	<50 km	>50 km
S.-Nor.	49	6	2	16	13	2	10	24 (49%)	25 (51%)
M.-Nor.	38	7	5	1	16	1	8	9 (24%)	29 (76%)
Totalt	87	13	7	17	29	3	18	33 (38%)	54 (62%)

kalenderår og eldre) for sørnorske og midtnorske hønsehauker merket som reirunger. Figurene framhever at fugler født i Sør-Norge hovedsaklig gjenfinnes sommers tid i samme region som de er merket. Det samme gjelder for midtnorske individer. Forøvrig viser sommergjenfunnene samme forhold mellom sørnorske og midtnorske hauker som gjenfunnene de første 9 måneder. De midtnorske fuglene er funnet gjennomgående lengre fra klekkestedet enn de sørnorske.

Fig. 9 viser vintergjenfunn (2K og 2K +) av individer merket som reirunger i Sør- og Midt-Norge. Også her ser midtnorske fugler ut til å ha en større spredning enn sørnorske.

Tab. 5 viser samtlige gjenfunn i Fennoskandia av hønsehauk merket som reirunger i Norge. Det går fram at norsk hønsehauk blir gjenfunnet såvel i Sverige og Finland som i Danmark. Svensk hønsehauk er tidligere gjenfunnet i Norge og Finland (Nordstrøm 1962, Høglund 1964) og finsk er gjenfunnet i Norge og Sverige (Høglund 1964, Saurola 1976). Det foregår altså en viss utveksling av hønsehauk de nordiske landene imellom.

Hos hønsehauk merket i ungfugldrakt er 77% av gjenfunnene gjort innenfor en radius av 50 km fra merkeplassen. 58% av

Tab. 4. Gjennomsnittlig avstand fra merkelokalitet til gjenfunnslokalitet for hønsehauk i Midt- og Sør-Norge merket som reirunger, og gjenfunnet før 1. mars 2. kalenderår.

Midt-Norge		Sør-Norge	
n	x̄ km	n	x̄ km
38	229	49	102

disse merkingene er foretatt vinters tid. Hos hønsehauk merket i voksen drakt har 90% av gjenfunnene en gjennomsnittlig avstand fra merkeplassen på bare 27 km. 70% av merkingene er gjort vinters tid. Dette tilsier at de eldre fuglene overveiende er for stasjonære å regne, noe som er påvist også i Sverige og Finland (Høglund 1964, Haukioja 1970).

Materialet indikerer altså at den norske hønsehauken blir stadig mer stasjonær med tiltagende alder.

DØDELIGHET HOS UNGFUGL
Ifølge gjenfangstmaterialet dør 74% av hønsehaukene i deres første leveår, mens 53% av de gjenværende vil dø i 2. leveår. Blant de som blir 3 år eller eldre vil 22% hvert år dø (iflg. den **beregnede** dødelighetsrate). Materialet viser ubetydelige regionale forskjeller.

60% av reirungene som klekkes et år vil være døde allerede innen 1. mars 2. kalenderår. 13,8% vil dø i løpet av juni — august, **31,7% i september — november** og 14,5% i desember - februar.

Hele 136 (74,7%) av totalt 182 gjenfunn ble gjort mens fuglene ennå var i ungfugldrakt. Tab. 2 viser dessuten at mennesket, direkte eller indirekte, har drept 54%, og at 44% av disse er skutt eller fanget.

DØDELIGHET HOS VOKSNE
Beregninger av dødelighet hos voksne (adult dødelighetsrate), må antas å være foretatt på for svakt grunnlag, da kun 17 gjenfunn er gjort etter utgangen av 2. leveår. Dessuten må en regne med at ikke alle individer merket til og med 1976 ennå er gjenfunnet. Varierende jakttrykk både i tid og omfang må ventes å ha innvirkning på gjenfangstmaterialet, særlig etter at hønsehauken ble totalfredet i 1971 (dispen-

Ettårig hønsehauk fotografert på en utlagt hare ca. fem meter fra stedet der kråka ble spist, i en trang bekkedal med tett løvskog omgitt av kulturmark og bebyggelse. 3. juli 1977 NT. Ⓦ.
Foto: Per J. Tømmeraas.

sasjon i Aust-Agder, Vest-Agder, Telemark og Vestfold i 1976/77, i tiden 1/10-23/12 og 1/1 — 28/2). Dessuten vil jakttrykket i våre naboland innvirke på gjenfangstene. Noe ulovlig beskatning drives også fremdeles, både ved jakt, plyndring av reir og fangst i kråkefeller, og en må anta at kategoriene «funnet død» og «dødsårsak ikke oppgitt» (tab. 2) inneholder endel eksemplarer som er drept på ulovlig vis.

En tilnærmet riktig dødelighetsrate kan beregnes bare dersom hønsehaukpopulasjonen har vært relativt stabil gjennom hele

perioden for gjenfunn. Dette har neppe vært tilfelle. En generell nedgang i bestanden er antatt, spesielt gjennom 1960-årene (Bijleveld 1974). Dette vil gi innvirkning på resultatet i og med at 86% av merkingene og 82% av gjenfunnene er gjort etter 1960.

Beregninger av adult dødelighetsrate er imidlertid foretatt av Haukioja (1970) og Saurola (1976), på adskillig større gjenfangstmateriale enn det norske. Ifølge disse undersøkelsene bør det riktige tallet iallfall ligge under 20%.

Tab. 5. Gjenfunn i Fennoskandia av hønsehauk merket som reirunger i Norge.

Gjenfunnet	Ringmerket							
	Sør-Norge		Midt-Norge		Nord-Norge		Totalt	
	Ant.	%	Ant.	%	Ant.	%	Ant.	%
Sør-Norge	77	88,5	9	16,7			86	59,3
Midt-Norge	2	2,3	30	55,5	1	25,0	33	22,7
Nord-Norge					3	75,0	3	2,1
Sverige	5	5,7	12	22,2			17	11,7
Finland			2	3,7			2	1,4
Danmark	3	3,5	1	1,9			4	2,8
Totalt	87	100,0	54	100,0	4	100,0	145	100,0

DISKUSJON

En oppdeling av landet i tre regioner når det gjelder hønsehaukpopulasjonen, kan virke kunstig. Dette er gjort for å illustrere et forhold det er god grunn til å anta gjelder, nemlig at trekkdriften øker langs en gradient fra sør mot nord. Dette er påvist også i Sverige (Høglund 1964). En medvirkende årsak kan f.eks. være mindre gode næringsforhold i nordlige områder, idet mengden av tilgjengelig næring hovedsakelig er bestemmende for artens vandringer (Sulkava 1964).

At sørnorske unghauker har relativt korte vandringer kan ha bakgrunn i andre årsaker enn de rent næringsmessige. En må anta at sørlig til vestlig trekk stoppes av havområdene (jfr. fig. 2 og 5). Dette gjelder også midtnorske fugler som trekker i vestlig eller sørvestlig retning (jfr. fig. 3 og 6).

En må gå ut fra at det vil skje en «opphopning» av hønsehauk i kystområdene i Sør- og Midt-Norge vinterstid som en følge av at trekket etterhvert blir mer sørlig rettet fra Midt-Norge, at kysten fungerer som en topografisk ledelinje samt at kystområdene har et rikere næringstilbud enn innlandet i vinterhalvåret.

I forbindelse med sommergjenfunnene (2K og 2K +) er det av interesse å fastslå om den yngre del av populasjonen foretar regulære tilbaketrekk etter vinteroppholdet. Enkelte undersøkelser tyder på at hønsehauk har en relativt dårlig orienteringsevne (Rüppell 1940, Høglund 1964). Enkelte individer har imidlertid foretatt lange tilbaketrekk på 200 til 600 km etter kunstig forflytning (Rüppell 1940, 1948).

En sammenligning av sommergjenfunnene (2K og 2K +) med gjenfunnene gjort de første 9 levemåneder viser at sommergjenfunnene er gjort i gjennomgående kortere avstand fra klekkestedet. Dette indikerer et tilbaketrekk etter vinteroppholdet, og at hønsehauk sannsynligvis sjelden hekker i vinterområdene.

Et individ gjenfunnet ved Stockholm i Sverige i mai 1967 (jfr. fig. 8) var 2 år gammelt. Ettersom nesten alle hønsehauker blir kjønnsmodne etter 2 år (enkelte allerede ved 1 års alder, Høglund 1964)

var denne sannsynligvis stasjonær og muligens hekkende.

En hønsehauk som var merket som reirunge i Midt-Norge ble gjenfunnet i Skåne i Sverige etter 2½ år, i november måned. Denne var da enten en stasjonær hekkefugl, eller en overvintrende trekkfugl, (jfr. fig. 9).

De fleste sommergjenfunn er gjort innen en radius av 300 km fra fødestedet, men bare to innen en avstand av 10 km. Tilbaketrekket synes alstå å stoppe før individene når klekkestedet.

Såvel i det norske som i det svenske og finske gjenfunnsmaterialet (Høglund 1964, Haukioja 1970, Saurola 1976) er de yngste årsklassene antatt å være overrepresentert, slik at dødeligheten de to første leveår kan regnes for maksimalverdier. Årsaken til dette forholdet er i første rekke at for en art der mennesket er en meget viktig dødelighetsfaktor, vil **den del av populasjonen som vandrer mest, lettest falle som offer for jakt og fangst.** Dette er også en av hovedkonklusjonene fra undersøkelser av dødelighetsrater i Sverige og Finland (Haukioja 1970, Saurola 1976). Særlig tydelig er dette første året, da mange individer gjenfinnes i august — november, den tida da unghaukene vandrer ut fra hekkeplassene. Også høsten 2. kalenderår gjenfinnes mange individer, særlig hanner. Dette kommer hovedsakelig av et differensiert vandringsmønster hos de to kjønn. Mens hunner i 2. kalenderårs høst stort sett forblir stasjonære, vandrer hannene fremdeles (Haukioja 1970).

Analyser av dødeligheten i 3. og 4. leveår viser at gjenfunnene da for en stor del skjer i mai — juni (Saurola 1976). Hønsehaukene i denne aldersklassen må antas å bli felt ved reir.

Den vandrende del av populasjonen kommer i størst utstrekning i kontakt med befolkede områder, og blir derfor lettest felt. Således er det en ubetinget fordel for eldre individer at de er mer stasjonære. Dette vil si at desto eldre et individ blir, desto mindre sjanse har det for å komme i kontakt med og bli drept av mennesket. Riktignok kan også enkelte gamle individer vandre langt (Høglund 1964), og dessuten kan hele populasjonen vandre mer i enkelte år enn i andre (Høglund 1964, Haukioja 1970). Likevel er det innlysende fra alle foreliggende undersøkelser at det i første rekke er hønsehauk i sitt 1. og 2. leveår som blir felt. For å illustrere dette er en overlevelseskurve for 1000 individer, basert på det norske gjenfunnsmaterialet, satt opp i fig. 10. Undersøkelsene tyder videre på at disse aldersklasser har høy naturlig dødelighet, og en må derfor gå ut fra at jakt og fangst hovedsakelig bare fungerer som vikarierende dødelighetsfaktorer.

KONKLUSJON

Det blir fra flere hold pekt på at jakt på hønsehauk vinters tid er krevende og lite utbytterik. Når en med dette som utgangspunkt vet at beskatning av hønsehauk i meget høy grad går ut over yngre, alt overveiende ikke-produktive indivier på vandring, må konklusjonen bli at en beskatning som er tenkt rettet mot eldre individer, blir **svært lite effektiv**. Ved eventuell vinterjakt må en gå ut fra at beskatningen hovedsakelig vil ramme yngre, vandrende individer som likevel ville avgått ved en eller annen form for død.

En slik jakt vil dessuten ikke virke enhetlig over hele landet. I og med at sørlige landsdeler mottar vandrende hauk nordfra, vil en vinterbeskatning bli mindre og mindre effektiv desto lengre sør i landet en kommer, med tanke på å ramme den ønskede aldersklasse, nemlig den lokale hekkebestand. Særlig ineffektiv vil beskat-

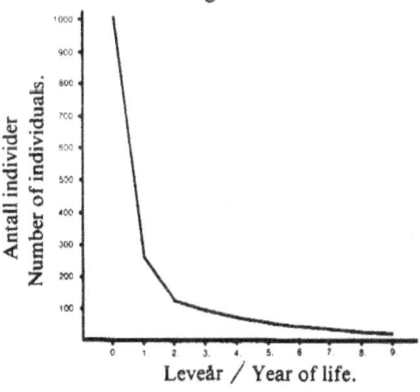

Leveår / Year of life.

Fig. 10. Overlevelseskurve for 1000 individer, basert på det norske gjenfunnsmaterialet. Survival curve of 1000 indivuduals.

ningen sannsynligvis bli i kystområdene i Sør-Norge og i områdene omkring Oslofjorden.

Til slutt vil jeg rette en takk til stud.real. Bernt Erik Sæther, cand.real. Nils Røv, cand.mag. Tor Bollingmo og cand.real. Ole Jakob Sørensen for hjelp med og kritikk av manuskriptet.

Forfatterens adresse: A 111
7035 Moholt.

Summary
MOVEMENTS OF NORWEGIAN GOSHAWK

The present account is based upon 186 recoveries from 836 ringed birds in the years 1937-1976. Most birds (78%) was ringed as nestlings. Mortality were calculated to be 74% in the first year, 53% in the second year and 22% in later years (Fig. 10). The pattern of movements are illustrated in Fig. 1. - 9.

LITTERATUR

Bijleveld, M. 1974. **Birds of Prey in Europe.** London and Basingstoke. 263s.

Haftorn, S. 1971. **Norges fugler.** Oslo (Universitetsforlaget). 862s.

Haukioja, E. & M. 1970. Mortality rates of Finnish and Swedish Goshawks. **Finnish Game Research 31,** 13 — 20.

Holgersen, H. 1977. Ringmerkingsoversikt 1975. **Sterna 16,** 81—86.

Høglund, N. 1964. Der Habicht **Accipiter gentilis** Linné in Fennoskandia. **Viltrevy 2 (4),** 195 — 270.

Nordstrøm, G. 1962. Finnishe Wiederfunde in Ausland beringter Vögel. **Ornis Fennica 39,** 143.

Rüppell, W. 1940. Neue Ergebnisse über Heimfinden beim Habicht. **Der Vogelzug 11,** 57 — 64.

Rüppell, W. 1948. Heimkehr verfrachteter Habichte aus 300 und 600 km. Entfernung. **Die Vogelwarte 15,** 39.

Saurola, P. 1976. Mortality of Finnish Goshawks. **Suomen Luonto 35 (6),** 310 — 314.

Sulkava, S. 1964. Zur Nahrungsbiologie des Habichts. **Aquilo, Ser. Zool. 3,** 1 — 103.

Unger, W. 1971. Habicht und Sperber im Spiegel der Beringung. **Beiträge zur Vogelkunde 17,** 135 — 154.

Young Northern goshawk depicted in a bird encyclopaedia in 1897.

My analysis showed that winter hunting of Goshawk appeared to have no influential or significant effect in reducing the population due to the way it targeted segments which already had a high natural mortality. This took one of the key elements out of arguments made by the hunting organisations for lifting the ban on hunting.

This was a fact finding work which was later utilized as a source for Norwegian national reports about the status of the Goshawk, and in two books. One of the books was a text book in game ecology used at the University of Agriculture at Ås, now known as the Norwegian University of Life Sciences. The other was the most comprehensive monograph published about the species in Europe, written by the English Professor Robert Kenward.

The article was referenced in the following works:

Grønlien, Helge. 2004. The Goshawk in Norway. The population status and development the last 150 years. *The Norwegian Ornithological Society's Report Series No. 5. 37 pages.*

Gundersen, Vegard et. al. 2004. Goshawk and forestry. A review of population dynamics, ecology and threats. *Forest research – Report from the Agricultural University of Norway and the Norwegian Institute for Forest Research. 35 pages.*

Hjeljord, Olav. 1980. *Game ecology.* 318 pages. (Hjeljord was a teacher at the University of Agriculture in Norway.)

Kenward, Robert. 2006. *The Goshawk.* T & AD Poyser, London. 360 pages.

One of our World famous Three-toed woodpeckers at Sormslia in 1972.

Observations at a nest of Three-toed woodpecker Picoides tridactylus.

Published in Fauna Norvegica Series C, Cinclus, in 1978. This was the very first issue of Cinclus, the most scientific periodical issued by the Norwegian Ornithological Society.

On May 14, 1972 Jan Erik found a nest of Three-toed woodpecker. The birds had only just started to excavate the hole. Within a couple of days a new hole was opened. This was an incredible stroke of luck, as we could actually follow the birds from before they had even started their nesting period – something no one had ever done before.

We were acutely aware of the importance of the discovery – Professor Haftorn's book showed large gaps in the knowledge of the breeding biology of this woodpecker. The only recent research on the species done in Europe had taken place in Switzerland a few years prior. Both the time lapse between the laying of the eggs, the incubation time of the eggs and the length of the nestling period was unexplored, and as an added bonus came the opportunity to study how the birds excavated their nest. This is a part of the nesting period normally not described as nests are most often found because of loud calls from the juveniles begging for food.

This was to become a pioneering work in the research of the breeding biology of the Three-toed woodpecker in Europe, and we were destined to spend 300 hours at the nest, covering 52 days. Birger and Jan Erik did most of the field work, even monitoring the activity of the juveniles after they had left the nest, making observations into the month of August.

This article, together with the three following in 1982, have all been referenced on several occasions both in Europe, U.S.A. and Canada, most notably on seventeen different occasions in the chapter about Three-toed woodpecker in Vol. 4 of the largest ornithological encyclo-paedia released in the 20th century - the nine-volume *Handbook of the Birds of Europe, the Middle East and North Africa, The Birds of the Western Palearctic,* by the English ornithologist Stanley Cramp.

Four discoveries were described for the first time:
Accurate inside measurements were made during the excavation of the nest, detailed time budgets were created for the male's and female's participation in the work, the species' courtship was described and the time lapse between the laying of the eggs was determined.

The articles have been referenced in the following works:

Anonymous. 2005. *Birds of Russia and the adjacent regions*. (Encyclopedia, Volume 6).

Burdett, Christopher L. et al. 2002. *Conservation Assessment for Three-toed Woodpecker (Picoides tridactylus)*. United States Department of Agriculture, Forest Service, Eastern Region, University of Minnesota. Report, 26 pages.

Cramp, Stanley (ed). 1985. *Birds of Europe, the Middle East and North Africa. The Birds of the Western Palearctic*. Volume 9, page 913 – 920.

Czeszczewik, Dorota. 2010.Wide intersexual niche overlap of specialized White-backed Woodpecker *Dendrocopos leucotos* under the rich primeval stands in the Bialowieza Forest, Poland. *Ornis Polonica 51,* 241 – 251.

Pechacek, Peter. 2006. Foraging behavior of Eurasian Three-toed Woodpeckers (*Picoides tridactylus Alpinus*) in relation to sex and season in Germany. *The Auk (U.S.A) 123(1),* 235-246.

Villard, Pascal. 1994. Foraging behavior of Black-backed and Three-toed woodpeckers during spring and summer in a Canadian boreal forest. *Canadian Journal of Zoology 72,* 1957-1959.

Weikel, Jennifer M. et. al. 2000. *Habitat use by snag-associated species in Oregon and Washington*. Literature search performed at seven bibliographic databases available at Oregon State University's Valley Library.

Winkler, Hans et. al. 1995. *WOODPECKERS. An identification guide to the woodpeckers of the world*. Houghton Mifflin Company, Boston, New York. 406 pages.

Birger at the main camouflage, 35 feet from the nest.

Birger and Asbjørn after a long, sleepless night.

Asbjørn taking notes in drizzling rain.

The second "tower camouflage", close to the nest.

Birger searching for the adult woodpeckers.

Observasjoner ved et reir av tretåspett *Picoides tridactylus*

ASBJØRN SOLLIEN, BIRGER NESHOLEN OG JAN ERIK FOSSEIDENGEN

Sollien, A., Nesholen, B. and Fosseidengen, J. E. 1978. Observations at a nest of Three-toed Woodpecker *Picoides tridactylus*. — Cinclus 1: 58-64.

The authors describe the breeding of Three-toed Woodpecker *Picoides tridactylus* in Grue municipal, E. Norway in May 1972. The presented material covers the excavation of the nest-hole, copulation and egg-laying.

The nest-hole was occupied after a few days by a pair of Great Spotted Woodpecker *Dendrocopos major*, but these were quickly frightened away by the authors. The occupation showed, however, that the Three-toed Woodpecker was obviously inferior to the Great Spotted Woodpecker, and flew away as soon as the latter arrived.

Comparison between the two sexes' techniques at pecking out the nest-hole, and the length of their periods on the trunk, showed that the female was the more active.

The time used for excavating the nest-hole was 12 days. The birds worked from about 03.20 to about 13.00 hrs, and the intensity of the work seemed to be independent of the weather. The birds were more effective at the end of the period and pecked out the last half of the nest-hole in a very short time.

The first egg was laid on 29 May. The interval between the laying of the eggs was about 24 hours. The birds began to spend the night in the nest-hole in this period. It was believed that the female stayed the nights 27 - 31 May. From this date the male began to stay over night. Actual incubation was possibly started by the male.

A. Sollien, A 111, 7035 Moholt, Norway. B. Nesholen, 2260 Kirkenær, Norway. J.E. Fosseidengen, 2265 Namnå, Norway.

INNLEDNING

Tretåspettens forplantningsbiologi i Norge er lite undersøkt. Kun mindre artikler foreligger fra hekketiden (Hogstad 1969, 1976, Wabakken 1973). Denne artikkelen belyser hittil lite kjente trekk ved artens biologi, basert på observasjoner ved et reir i 1972. Det gjelder særlig uthakking av reir og arbeidsfordelingen mellom makene, parring og egglegging.

I 1960-årene var tretåspetten bare kjent som en tilfeldig hekkefugl i Grue kommune, Hedmark. I 1969 ble imidlertid store mengder barskog stormfelt, og dette la sannsynligvis grunnlaget for en voldsom invasjon av granbarkbille *Ips typographus* i 1971. Dette må regnes som medvirkende årsak til en økning i bestanden av tretåspett, noe også Hogstad (1970) nevner fra Oslo-marka vinteren 1969/70. Flere hekkinger ble påvist i Grue i 1972.

HABITAT

Skogen var hovedsakelig uskjøttet granskog, overveiende av hogstklasse 5. Busksjiktet var ubetydelig, og feltsjiktet bestod vesentlig av bregner og blåbær. Reirtreet, en 20 m høy tørr osp med flygehullet 2,5 m.o.b., sto plassert i en vestvendt li. Dette var tilsynelatende det lyseste punkt i området, og denne form for reirplassering karakteriseres av Ruge (1968) som vanlig hos tretåspett.

METODER OG MATERIALE

Observasjonene ble foretatt med 7×50 og 8×40 kikkerter. Et kamuflasjetelt var opprinnelig plassert 25 m fra reirtreet, men ble etterhvert flyttet til 11 m avstand. Målinger av reirhullets størrelse under uthakkingen ble foretatt til forskjellig tid på døgnet. For å kontrollere om spettene hadde vært på reiret i vårt fravær, ble det

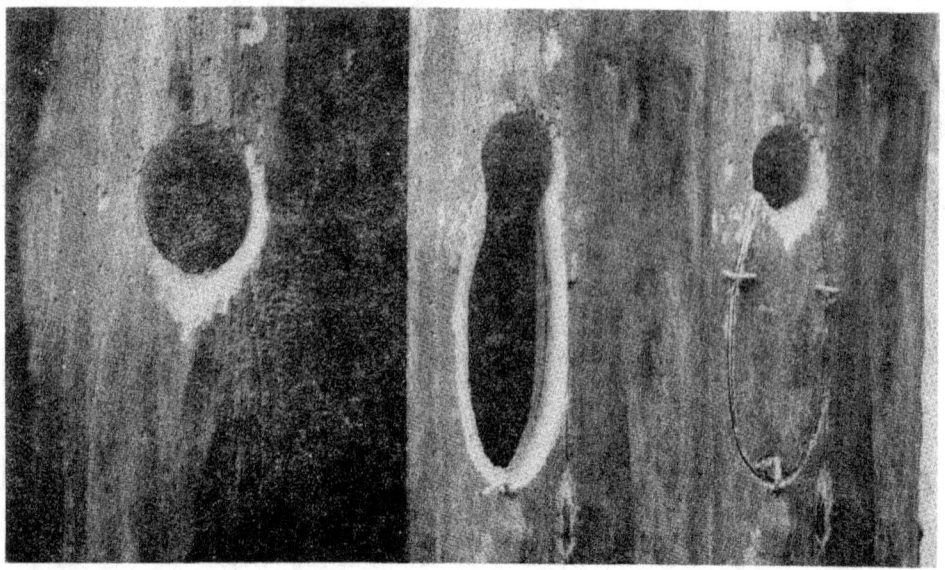

Fig. 1. Utsaging av reirveggen 27. mai. (Foto: Birger Nesholen.) — *Removing the front wall 27 May.*

plassert to gress-strå på kryss i flygehullet. Utviklingen i reirhullet etter uthakkingen kunne følges ved at forveggen ble saget ut med stikksag 27. mai (Fig. 1). Artikkelen bygger på observasjoner under 126 ¼ t opphold ved reiret og 17 t ute i terrenget, i tiden 14. mai - 1. juni (Fig. 2).

RESULTATER

Territorial atferd. Reirtreet ble funnet 14. mai, og første egg ble lagt 29. mai.

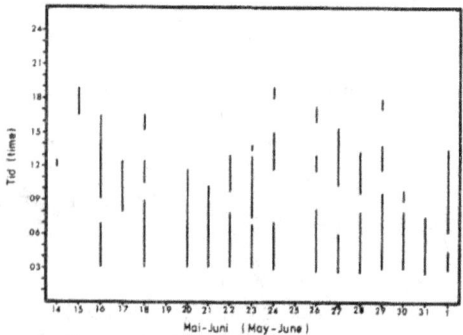

Fig. 2. Observasjonstimer i uthakkings- og eggleggingsperioden. — *Hours of observations during the periods of excavation and egg-laying.*

Ingen observasjoner foreligger under territorieetableringen.

Begge kjønn trommet. Ruge (1968) oppgir at arten har visse foretrukne trommesteder. Ved reiret i Grue gjaldt ikke dette, idet fuglene trommet på forskjellige steder i nærheten av reiret, og ofte skiftet «tromme» etter bare noen få virvler. De trommet gjentatte ganger på selve reirtreet, enkelte ganger også i veggen av flygehullet.

Under eggleggingsperioden steg trommeintensiteten (økende antall virvler pr. serie og kort opphold mellom virvlene). Sannsynligvis bidro hunnen sterkt til dette, da den trommet ganske intenst like etter at egget var lagt de tre første morgener i eggleggingsperioden.

Til å begynne med konkurrerte tretåspetten med flaggspetten *Dendrocopos major* om reirhullet. Flaggspettparet, hvorav hannen ble sett i et gammelt reirhull ca. 100 m NV 16. mai, overtok uthakkingen av reiret 17. mai. Den 18. mai kom de flere ganger til reirtreet, men ble forstyrret av oss og fortrakk til nevnte gamle reirhull. Flaggspettene kan ha vært aktive på tretåspettens reirtre også før 14. mai, da det på treet fantes et påbegynt flygehull

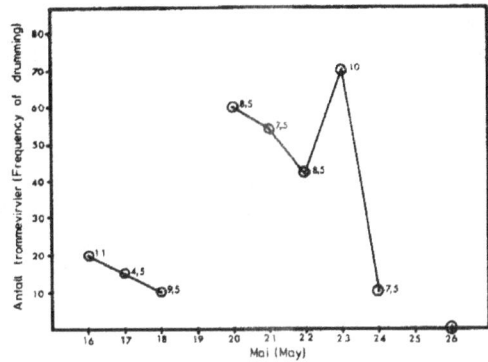

Fig. 3. Tretåspettens (hann + hunn) tromme-intensitet i uthakkingsperioden. Tallene ved hvert punkt er antall observasjonstimer pr. dag. Første egg ble lagt 29. mai. *Frequency of drumming (male + female) in the period of excavation. Hours of daily observations are indicated at each point. The first egg was laid 29 May.*

som målte (h × b) 59 × 46 mm (kjeglefor-met 84 mm inn i stammen), dvs. over maksimumsmålene for tretåspett (Haftorn 1971). 15. mai var imidlertid et nytt flygehull påbegynt, og dette ble siden det endelige reirhull.

Tretåspetten viste tydelige tegn til under-legenhet i forholdet til flaggspetten og fløy vekk fra reirtreet straks den så flaggspetten ankomme. Videre avtok trommeintensitet-en 17. og 18. mai (Fig. 3).

Uthakking av reir. Effektiv uthakkings-tid var 12 dager (15. - 26. mai). Litt arbeid ble antagelig utført også 27. (og 28.?) mai, men volumutvidelsen ble ikke nevneverdig. Reirhullets mål var følgende. Flygehull (h × b), ikke utvidet etter kl. 08.46 17.mai: 74 × 49 mm ved barken, 60 × 43 mm ca. 1,5 cm innenfor barken. Liksom det først påbegynte flygehull er også dette over maksimumsmålene for tretåspett, noe som må tilskrives flaggspettens arbeid. Avstand fra flygehullets ytterkant inn til bakveggen (nådd 26. mai): 175 mm. Dybde fra flygehullets nedkant til bunnen av reirhul-let (målt 27. mai): 222 mm. Reirveggens tykkelse i flygehullets nedkant (målt 24. mai): 57 mm. Reirhullets utforming er vist i Fig. 4. All uthakking 17. mai er utført av flaggspett (begge kjønn).

Mens reirhullet ennå var grunt stakk tretåspetten hodet inn, hakket, speidet litt omkring seg, hakket, speidet osv., til det hadde samlet seg en del flis i bunnen. Flisa ble så kastet ut i flere flisutkast (nebb-fuller). Antall hakk inne i stammen varierte, oftest mellom 5 og 15 i hver serie.

Etter at reirhullet ble dypere framkom en mer gjennomført periodisitet i teknikken. Vanligst var at spetten først konsentrerte seg om å hakke ut flis uten å speide («uthakkingsperiode»). Deretter ble endel av den oppsamlede flisa kastet ut («ut-

Tab. 1. Kvantifisering av de forskjellige atferdstyper under tretåspettens reiruthakking. Tabellen viser anvendt tid pr. uthakkingsperiode, flisutkastperiode og passiv periode. Opplysningene om uthakkingsperioder og passive perioder for hannen er hentet fra 24. og 26. mai, på utkastperioder fra 24. mai, mens alt materialet for hunnen er fra 26. mai. — *Time in seconds used for different behaviour when excavating the nest-hole.*

Atferd Behaviour	♂		♀	
	Gj.snitt, tid i sek. (min.-maks.) Mean time in sec. (min.-max)	Antall perioder Number of periods	Gj.snitt, tid i sek. (min.-maks.) Mean time in sec. (min.-max.)	Antall perioder Number of periods
Uthakking Excavation	35 (8- 80)	42	64 (2-180)	41
Flisutkasting Throwing out splinters	61 (20-105)	5	64 (20-160)	17
Passiv Passive	44 (5-470)	32	35 (1- 90)	43

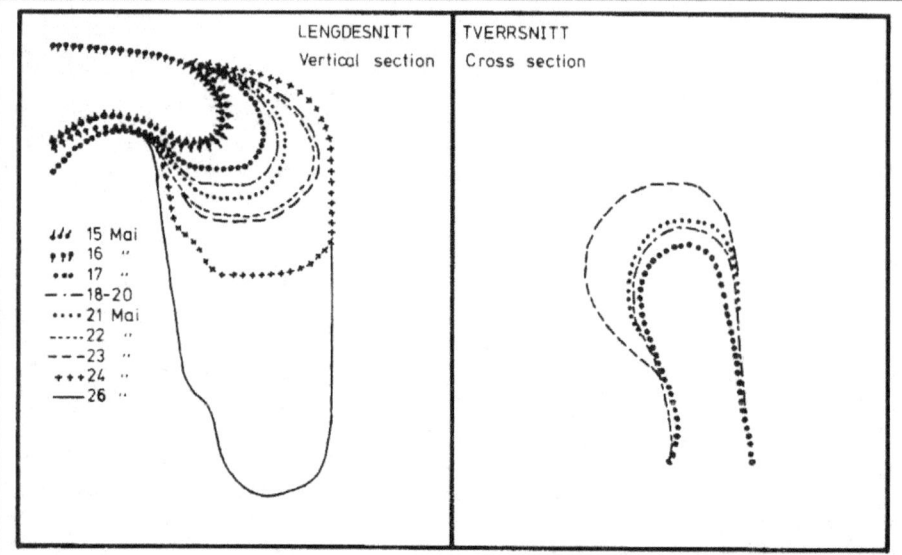

LENGDESNITT
Vertical section

TVERRSNITT
Cross section

∂∂∂ 15 Mai
♦♦♦ 16 ''
••• 17 ''
— · —18-20
•••• 21 Mai
——22 ''
— — —23 ''
♦ ♦ ♦24 ''
——— 26 ''

Fig. 4. Reirhullets utforming (lengdesnitt og tverrsnitt). — *Excavation of the nest-hole.*

kastperiode»), hvoretter den satt vaktsom og speidet en tid. Denne vaktsomme perioden ble også benyttet til fjærpuss og/eller kløing («passiv periode»). Deretter fortsatte den å kaste ut flis eller hakke videre.

Kvantifisering av de forskjellige atferdstyper under reiruthakkingen er foretatt i Tab. 1. Resultatene viser at hunnen gjennomsnittlig hadde nesten dobbelt så lange uthakkingsperioder som hannen, og at dens passive perioder var kortere. Flisutkastperiodene var omtrent like lange. Imidlertid viste det seg også at hunnen hadde nesten tre ganger så mange flisutkast pr. utkastperiode: hunn gjennomsnittelig 11 (1 - 32), hann 4 (1 - 16). Disse tallene bygger på 430 flisutkast i 40 utkastperioder for hunnen, 258 flisutkast i 59 utkastperioder for hannen (data fra 24. og 26. mai for hann, fra 26. mai for hunn).

Så lenge reirhullet var grunt satt spettene utenpå stammen i de passive perioder. Fra 26. mai satt imidlertid hannen oftest inne i reirhullet, mens hunnen fremdeles satt ute.

Allerede 20. mai merket vi at spettene under arbeidet satt i merkbar vinkel i forhold til loddlinja (hodet til høyre, stjerten til venstre). Dette går fram av Fig.

4 (tverrsnitt), som viser at venstre side ble raskest utvidet. Årsaken til dette var antagelig hard ved på høyre side av reirhullet. Utformingen av reirhullets nederste del (se Fig. 4, lengdesnitt) kan ha samme årsak.

Da reiret var blitt så dypt at bare stjerten var synlig utenfra, brukte spettene flygehullet som støtte for stjerten under arbeidet.

Hvilket kjønn som kom først til reiret om morgenen var helt tilfeldig. Korteste registrerte tid mellom kjønnenes ankomst var 1 min. (24. mai), lengste 58 min. (22. mai). Tidligste registrerte ankomsttid var kl. 03.07 (hunn 27. mai), seneste kl. 04.32 (hunn 22. mai). Observasjonene tyder på at spettenes arbeidstempo og oppholdstid på reiret var uavhengig av været.

Daglig arbeidsperiode strakk seg generelt fra ca. kl. 03.20 til kl. 12.00-13.00, uten at paret var spesielt aktive på noe tidspunkt. På grunnlag av gress-strå plassert i flygehullet er det grunn til å anta at fuglene i mindre grad arbeidet på ettermiddag/ kveld (påvist 23. mai).

Spettene startet det daglige arbeidet med reirhullet senere og avsluttet tidligere i begynnelsen av uthakkingen. Særlig på-

Tab. 2. Kvantifisering av arbeidsmengde ved uthakking av reiret. Spettene arbeidet i kortere eller lengre perioder, kalt arbeidsperioder. Anvendt tid pr. periode er oppgitt som gjennomsnitts- og ekstremverdier. — *The two sexes' amount of work when excavating the nesthole. The birds worked in shorter or longer periods called working-periods. Time used per period is given in means and extreme values.*

Perioder pr. dag *Periods per day*	Minutter pr. periode *Minutes per period*	Observasjonsdager i mai *Observation days in May*
♂ 3-5	17 (1-83)	
♀ 1-8	26 (5-50)	22, 23, 24, 26, 27

tagelig var det at de avsluttet tidlig i første del av perioden.

Spettene arbeidet i flere perioder pr. dag (Tab. 2). Resultatene viser at hunnen maksimalt hadde flest arbeidsperioder pr. dag, og at de var gjennomgående lengre enn for hannen. Tab. 1 sammenholdt med Tab. 2 viser at hunnen utførte det meste av uthakkingen.

Arbeidstempoet varierte tydeligvis med spettenes motivering. Under de første ca. ¾ av uthakkingen var motiveringen hos begge kjønn åpenbart lav. Mye tid ble tilsammen anvendt til fjærpuss, kløing, vaktsom speiding, næringssøk ved reirtreet

og kortvarige utflukter fra reirtreet, samt tromming på reirstammen. Det daglige arbeid ble dessuten, som nevnt, avsluttet forholdsvis tidlig. Faktorer som kan ha virket hemmende på spettenes aktivitet var vår tilstedeværelse og opptreden av flaggspett i territoriet.

Den tiltagende motivering illustreres av en sammenligning mellom Fig. 4 og Fig. 5, 23. og 24. mai. På tross av lengre oppholdstid på reiret 23. mai skjedde en adskillig større volumutvidelse 24. mai. Likeledes avtok trommeintensiteten i siste del av perioden (Fig. 3), og de passive atferdstyper ved reiret sank til et minimum

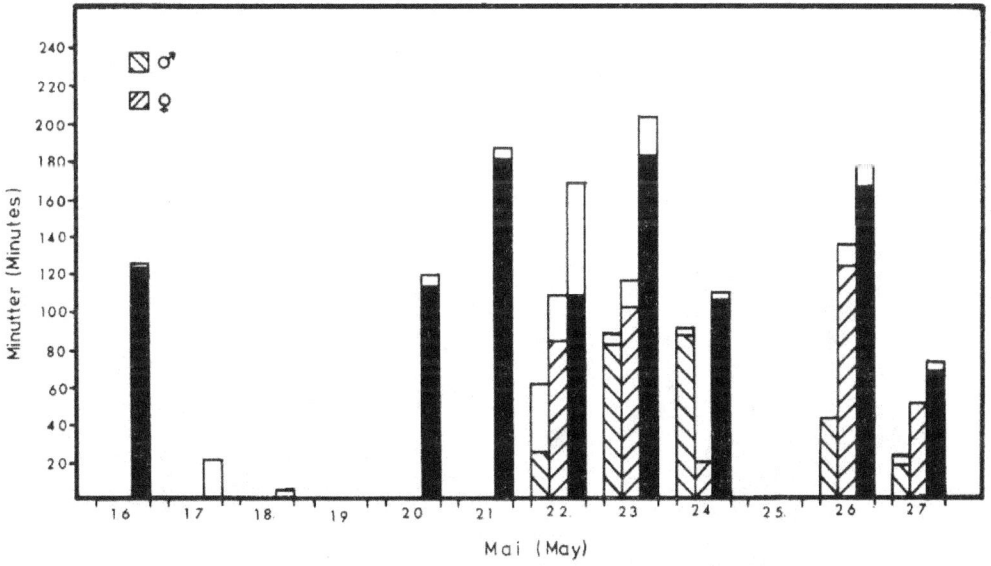

Fig. 5. Fordeling av kjønnenes opphold på reiret i minutter i uthakkingsperioden. Svart søyle: hann + hunn. Hvitt felt: Fuglen sitter passiv. Kjønnene er ikke behandlet separat før 22. mai. — *The two sexes' presence on the trunk during the period of excavation. Black column: male + female. Open column: the bird is passive.*

128

24. mai, for nesten eller helt å forsvinne 26. mai.

24. mai ble en meget aktiv periode innledet av hannen. Hunnen var svært aktiv 26. mai, men hadde pauser på 30-50 min. allerede etter kl. 04.20 og avsluttet arbeidet kl. 07.40. Dette er tolket som at reiret hadde fått sin endelige form og størrelse. 27. mai ankom hunnen kl. 03.07 (tidligste registrerte tidspunkt) og ble inne i 47 min. 20 sek. uten at reiret ble nevneverdig utvidet. Ca. 1 time etter at hunnen kom ut skjedde parring.

En skulle anta at spetter er særlig utsatt for predasjon i den første del av uthakkingsperioden, da de må arbeide med hodet skjult inne i stammen og således ikke kan være kontinuerlig oppmerksomme på omgivelsene. Når ca. ¾ av uthakkingstiden er passert, er imidlertid reirhullet stort nok til å skjule kroppen.

PARRING
Parring ble iakttatt to ganger i rask rekkefølge 27. mai kl. 05.07. Første kopulasjon skjedde tversover en relativt tynn grangrein, tett inntil stammen ca. 2,5 m høyt. Under kopulasjonen, som varte maksimalt 3 sek., flakset hannen hele tiden med vingene. Hunnen fløy til en annen gran, hvor den åpenbart innbød til ny parring ved å pendle hele kroppen fra side til side med bena som akse (kroppen i vannrett plan, stjerten og nebbet langs periferien av en sirkel med bena som sentrum). Hannen slo inn på stammen ca. ½ m under hunnen, hoppet oppover stammen og opp på hunnen, som også nå satt tversover en grein. Hannen flakset innledningsvis med vingene, men lå siden helt rolig mens den støttet seg på venstre vinge (Fig. 6). Mellom første og siste

Fig. 6. Parring hos tretåspett. — *Copulation.*

kopulasjon forløp 15 - 20 sek., og siste varte ca. 7 sek. Under hele parringsseremonien, fra før første kopulasjon til etter siste, ytret begge kjønn en sammenhengende serie av tjekklyder (tjekk-tjekk-tjekk......). Parringen skjedde 4 - 6 m fra reirtreet, og etter at den var over fløy paret sammen vekk fra området.

EGGLEGGING
Leggeintervallet ved dette reiret var følgende:

	Tidsrom (kl).
29. mai, 1. egg.	03.52-05.55
30. mai, 2. egg.	04.15-05.30
31. mai, 3. egg.	04.00-06.18
1. juni, 4. egg.	07.53-11.09

Første overnatting i reiret skjedde åpenbart natt til 28. mai, for tidlig denne morgenen ble en av spettene observert idet den forlot reiret. Samme kveld skremte vi ut et individ fra reiret kl. 22.40, noe som tyder på ny overnatting. Natt til 30. og 31.mai overnattet hunnen, natt til 1. juni overnattet hannen.

Observasjonene indikerer at hunnen overnattet i reirhullet under eggleggingen bortsett fra den siste natten, mens Ruge (1974) fant at hannen overnattet i denne perioden.

F.o.m. 3. egg var eggene varme. At embryo-utviklingen hadde kommet i gang er det grunn til å anta, da 4. egg ble klekt én dag etter de andre. Hannen ble ikke sett ved reiret de tre første morgener under eggleggingen. Den fjerde morgenen, da den kom ut etter sin antatt første overnatting, holdt den seg imidlertid i nærheten mens hunnen la det 4. egget. Iakttagelsene tyder på at rugingen ble innledet av hannen.

TAKK
Til slutt vil vi få rette en takk til Berit Edsberg, Tore Sætre og Jørn Sæthern for hjelp med feltarbeidet, til stud. real. Jan Rabben for tegning av Fig. 6 og førsteamanuensis Olav Hogstad for hjelp med og kritikk av manuskriptet.

LITTERATUR
Haftorn, S. 1971. Norges fugler. — Universitetsforlaget, Oslo.
Hogstad, O. 1969. Observasjoner ved et tretåspettreir. — Sterna 8: 387-389.

— 1970. On the Ecology of the Three-Toed Woodpecker *Picoides tridactylus* (L.) outside the Breeding Season. — Norw. Jour. Zool. 18: 221-227.

— 1976. Interseksuell deling av forplantningsterritoriet hos tretåspett. — Sterna 15: 5-10.

Ruge, K. 1968. Zur Biologie des Dreizehenspechts *Picoides tridactylus* L. — Der. Orn. Beob. 65: 109-124.

— 1974. Zur Biologie des Dreizehenspechtes *Picoides tridactylus*. — Der. Orn. Beob. 71: 303-311.

Wabakken, P. 1973. Observasjoner fra gråspett- og tretåspettreir. — Fauna 26: 1-6.

Just a few days after the nest was discovered, it was annexed by a pair of Great spotted woodpeckers, a larger species than the Three-toed woodpecker.

Birger would have nothing of it – the Great spotted would not be allowed to terminate our research at the onset. He promptly trapped and tagged one of them, and they instantly rescinded the claim.

The Mandarin duck Aix galericulata, *in Norway.*

Published in Vår fuglefauna, the quarterly periodical of the Norwegian Ornithological Society, in 1979.

The Mandarin duck is a bird native of China, Japan and Manchuria which was initially brought to Europe as an ornamental bird in parks. It was added to and removed from the "official list" of Norwegian birds several times, as a species somewhere between wild and domesticated. The aim with this article was to gather all available information about its occurrence in Norway while it was still rare, to have basic information if it was to expand and have impact on the ecosystem in some unpredictable way. I received quite some flak from fellow students for doing this research, as it was not mainstream zoology to investigate a bird classified as ornamental. However, unexpectedly I got unprecedented support. The Swedish ornithologist Sören Svensson, who had hosted the "Scandinavian Ornithological Congress" in Malmø in 1977, where I attended, wrote a piece in an ornithological periodical advocating more awareness of the ornamental and domesticated birds - like the Mandarin duck – and to follow them closely to have a track record if they should suddenly start to have an unexpected impact on the Scandinavian ecosystem...... This was indeed exactly what happened when the Canada goose – a non-native bird – was released in the wild in the mid-70s as a target for hunting.

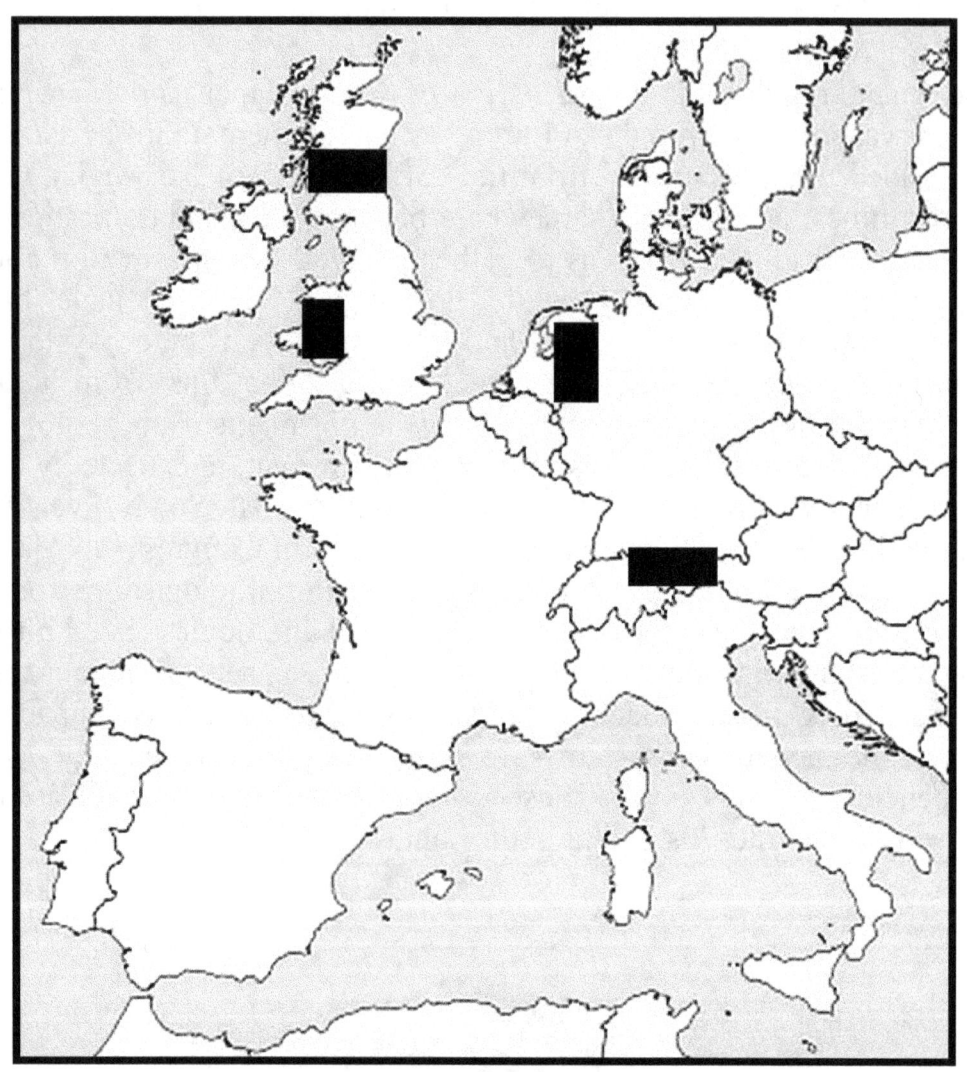

Distribution of the Mandarin duck in Europe.

Mandarinanda *Aix galericulata*, i Norge

ASBJØRN SOLLIEN

Det foreligger hittil ingen publisert oversikt over mandarinandas forekomst i Norge. Arten har sin naturlige utbredelse i det østlige Palearktis, dvs. Kina, Japan og Mandsjuria. Den ble innført til England på første halvdel av 1700-tallet (Savage 1952, Bauer & Glutz von Blotzheim 1966), og holdes nå som parkfugl mange steder i Europa (bl.a. Brehm-Ekman 1957, Bauer & Glutz von Blotzheim 1966, Heinzel et. al. 1972, Hanström et. al. 1973). Alle individer observert i Norden er derfor hittil antatt å ha rømt fra fangenskap (bl.a. Brehm 1931, S. O. F. 1958, Haftorn 1971, Cramp et. al. 1977). Også i land i Mellom-Europa betraktes individer som observeres utenfor parkområder som unnsloppet fra fangenskap (Bauer & Glutz von Blotzheim 1966, Klafs 1977). Som følge av mandarinandas halvtamme opprinnelse i Europa, har dens status som norsk art vært uklar. Den ble ført inn i den norske dyrenavnlista i 1976 (NZF 1976), etter å ha vært strøket etter to tidligere innføringer (Schaanning 1930, NZF 1961).

I Norge er den iflg. mine informasjoner bare blitt holdt som parkfugl på tre steder. I Breiavatnet ved Stavanger i 1930-årene, bare ett par som aldri hekket (H. Holgersen pers. medd.). På Ekeberg ved Oslo fram til ca. 1964, de siste ca. 2 år bare en enkelt hann (E. Thorson pers. medd.). Ett ind. på Tjøme ca. 1968 (P. J. Schei pers. medd.).

MATERIALE

Denne artikkelen omhandler kjente observasjoner i Norge fram til september 1978. Materialet er innkommet som følge av personlige henvendelser til kontaktpersoner samt opprop i *Vår Fuglefauna,* lokaltidsskriftene for de forskjellige fylkesavdelinger av NOF, *Fauna, Villmarksliv* og *Jakt, Fiske og Friluftsliv.* Dessuten er henstilling om å sende inn observasjoner sendt til samtlige lokale rapport- og sjeldenhetskomiteer. Responsen har vært meget god, og jeg vil få rette en takk til alle som har bidratt med opplysninger.

Antall observasjoner på landsbasis er 29, derav er én noe usikker. Der det har vært mulig å henvise til publikasjoner er dette gjort. Ellers er referanse gjort til en av de personer som har bidratt med opplysninger om en observasjon. Alle observasjoner er enten tidligere publisert, eller godkjent av NNSK eller en av de lokale LRSK.

Observasjonene er ordnet fylkesvis etter modell av Haftorn (1971). Artikkelen omhandler kun artens forekomst samt enkelte andre faktorer som har relasjon til observasjonene i Norge. For videre studier av artens biologi henvises til Savage (1952),

Dementiev et. al. (1966-69) og Cramp et. al. (1977).

Identifikasjon av hunnfuglen kan by på problemer, da denne til forveksling er lik hunnen av den amerikanske arten brudeand *Aix sponsa*. Denne arten har også vært anvendt som parkfugl i Norge (E. Thorson pers. medd.). I de tilfeller der jeg har fått tilsendt fotografier som viser hunn av angivelig mandarinand, har jeg derfor benyttet et kriterium for identifikasjon gitt av Savage (1952). Dette kriterium er en påviselig forskjell i fjærbekledningen ved nebbrota hos de to arter (fig. 1). Hannens praktdrakt er derimot umiskjennelig (fig. 2).

Av årsaker nevnt innledningsvis er det liten grunn til å anta at norske parkfugler kan ha hatt nevneverdig innvirkning på observasjonsmaterialet. Imidlertid er det meget vanskelig å si i hvor høg grad materialet er påvirket av rømte individer fra f.eks. Sverige eller Danmark, da det såvidt jeg vet ikke foreligger publiserte oversikter over artens forekomst i disse landene.

OBSERVASJONER

Østfold. 1 hann i Vollgravene (kunstig anlagt), Fredrikstad, 18. september 1975 (E. Sandersen).

Hedmark. 1 hann skutt ved Trysilelva, Engerdal, 1905-07 (S. Haftorn). 1 hann skutt ved Elverum i 1907 (Blædel et al. 1959-63). Opplysning om en hann skutt ved Glomma i Elverum 26. april 1910 (Schaanning 1921, Blædel et. al. 1959-63) er iflg. Collett (1921) usikker. 1 hann skutt ved Femundsjøen 25. mai 1914 (Vik 1962). 1

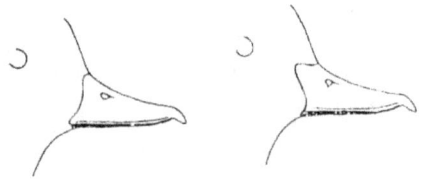

Fig. 1. Fjærbekledningen ved nebbrota hos brudand (til [venstre]) og mandarinand, etter Savage (1952).
Difference in the feathers at the base of the bill between North American Wood Duck and Mandarin Duck.

30

Foto: Tor Bollingmo.
Mandarin Duck male, Slimbridge, England, March 1979.

hann i Våler ca. 3. juni - ca. 15 september 1971 (forf.). 1 hann i Lomnessjøen, Ytre Rendal 26. april 1973 (Berget & Strømsmoen 1973). 2 hanner i Lomnessjøen, Ytre Rendal, medio mai 1978 (Iversen 1978).

Vestfold. 1 hann skutt ved Lørgedammen, Skoppum, i 1912 (Munthe-Kaas Lund 1966).

Telemark. 1 hann i Skien ca. 20. oktober 1961 (Holgersen 1964).

Aust-Agder. 1 hann i Molandsvannet 13.-16. mai 1969 (Harveland 1969). 1 hann i Langsævannet, Arendal 12.-15. juni, 24. august og 6.-7. september 1973 (Spikkeland 1973).

Vest-Agder. 1 hunn Kristiansand 14. januar 1965 (Simonsen 1965). 1 hunn i Kristiansand medio februar 1968 (Anonym 1968). 1 hann i Mandal primo mai 1975 (Olsen 1976).

Rogaland. Ung hann skutt ved Taksdalsvatnet, Time, 2. september 1957. (Holgersen 1964). 1 hann i Nordre Skeisvann, Haugesund, ca. 8.-ca. 30. november 1976 (Anonym 1977).

Bergen. 1 hann i Tveitevannet ca. 17.-ca. 22. mai 1974 (Anonym 1974).

Sogn og Fjordane. 2 hanner i Solvornsbukta, Solvorn, 29. april 1978. (Øvrebø 1979). 2 hanner (de samme?) i Bolsetvatnet og Storeelva, Jølster, omtrent hele mai måned 1978 (G. Godø).

Møre og Romsdal. 1 hann på Eikrem ved Molde, 9. april - primo oktober 1975 (R. Hovde). 2 hanner i Kvalsund på Nerlandsøy, Herøy, 26.-27. april 1977 (P. B. Dale). 2 hanner Karihavet - Straumsnes, Tingvoll, 20. mai samt noe senere. 1978 (J. A. Engvig). 2 hanner utenfor Øydegard kai, Tingvoll, 27. juni 1978 (O. Gustafsson). (Antakelig de samme som ble sett 20. mai.)

Sør-Trøndelag. Et par med mislykket hekking (reiret tatt av flom) Røros 28. april - 4. mai 1970 (Schjølberg 1971). Et par (det samme?) Hådalselva, Røros 9. - ca. 16. mai 1970 (Kojedal 1971). Hunn med mislykket hekking (holken revet ned og eggene ødelagt) «en mils vei fra Røros» sommeren 1971 (Anonym 1972).

Nord-Trøndelag. 1 hann i Imsdalen, Snåsa, 7. mai 1977 (T. Tysse).

Nordland. Et par i Ytrafjæra, Mo i Rana, 1. juni 1971 (M. Djuplasti).

DISKUSJON

Mandarinand ble opprinnelig satt ut som tamfugl på engelske gods, og dessuten holdt i zoologiske hager. På flere steder i England har den nå imidlertid levd fritt i decennier, på ett enkelt sted helt fra århundreskiftet (Savage 1952). Den totale engelske bestand ble i 1952 anslått til over 500 individer (Savage 1952), med liten endring siden (Cramp et. al. 1977).

Fig. 3 viser hvor i Norge observasjonene er gjort, og til hvilke årstider. Som en kunne forvente er vår- og sommerobservasjonene spredt over ganske store deler av landet, mens høst- og vinterobservasjonene er gjort i de sørligste landsdeler.

Fig. 4 viser observasjoner før og etter 1970. Den markante økningen i antall observasjoner etter 1970 må nok hovedsakelig tilskrives økt ornitologisk aktivitet.

Som det framgår av Fig. 4, er det gjort relativt hyppige observasjoner på vest- og nordvestkysten av landet i 1970-årene,

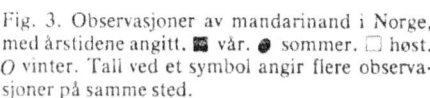

Fig. 3. Observasjoner av mandarinand i Norge, med årstidene angitt. ■ vår. ● sommer. □ høst. *O* vinter. Tall ved et symbol angir flere observasjoner på samme sted.
Mandarin Duck observations in Norway, with time of year indicated. ■ *spring.* ● *summer.* □ *autumn. O winter. Numbers indicate several observations at the same location.*

Fig. 4. Observasjoner av mandarinand i Norge før 1970 (O) og 1970-1978 (●). Tall angir antall observasjoner på samme sted.
Mandarin Duck observations in Norway before 1970 (O) and 1970-1978 (●). Numbers indicate several more observations at the same location.

mens bare ett ind. er observert her før 1970. Det kan være nærliggende å anta at dette er individer utvandret fra den frittlevende engelske stammen. Det er liten tvil om at mandarinender kan foreta vandringer av slik lengde i Europa. Selv om arten her er for standfugl å regne, er den en regulær trekkfugl i størsteparten av sitt opprinnelige utbredelsesområde (Savage 1952). Det finnes eksempler på lange streif i Europa. Et individ forlot St. James Park i London sommeren 1930, og ble gjenfunnet i Ungarn i april 1931 (Cramp et. al. 1977). Likeledes ble et individ fra St. James Park skutt i Västmanland, Sverige, i september 1931 (Blædel et. al. 1959-63). 8. november 1962 ble 4 ungfugler skremt av en sprengning på Ekeberg ved Oslo. 2 av disse ble skutt 29 timer senere ved Newcastle i England, etter å ha tilbakelagt en distanse på 900 km (Holgersen 1963).

Omtrent halvparten av observasjonene i Norge (der dato er kjent) er gjort av enslige hanner, eller 2 hanner sammen. Ifig. Savage (1952) danner de gamle fuglene par allerede like etter at mytingen fra sommerdrakt til vinterdrakt har funnet sted. Ungfuglene danner par i løpet av første vinter. I midten av mars er sannsynligvis alle hunner i par med en hann, mens noen hanner sannsynligvis forblir uparret.

De hyppige vårobservasjonene av hanner kan tyde på at det er slike uparrede individer det her dreier seg om, da det i to tilfeller er iakttatt at to hanner har kurtisert hverandre og gjort parringsforsøk (B. Iversen medd. T. Nygård, og G. Godø). Streifende hunner fra den engelske stammen er mindre sannsynlig, da en må anta at disse hekker der de danner par. De mislykte hekkinger ved Røros (Schjølberg 1971, Anonym 1972) ble trolig således foretatt av rømte parkfugler. At hunner som observeres utenfor parker er rømt fra fangenskap kan understøttes av at en hunn sett ved Kristiansand i 1968 (Anonym 1968) var ringmerket.

På et så begrenset materiale kan det være vanskelig å avgjøre hvorvidt de mandarinender som blir observert i Norge, stort sett er tamme, rømte parkfugler, eller ville og frittlevende individer. Jeg vil likevel gå ut fra at de fleste observasjoner er av ville fugler. Dette med bakgrunn i den ovenstående diskusjon, samt at store deler av den frittlevende engelske bestanden må bli å betrakte som vill. Cramp et. al. (1977) hevder at selv om arten normalt er sky, blir den fort vant til mennesker hvis den forblir uforstyrret. Fugler som opptrer tillitsfullt kan derfor ikke uten videre betraktes som tamme. Mandarinandas valg av habitat fører den gjerne i kontakt med mennesker i kulturlandskap og parkpregete områder, og ville fugler kan derfor lett virke relativt tillitsfulle.

Summary

THE MANDARIN DUCK IN NORWAY

The author gives a review of the observations of Mandarin Duck *Aix galericulata*, in Norway. 29 observations is mentioned, almost one half of these are male (or males) in the springtime. It is supposed that these males are unpaired individuals. Two attempted breedings is also mentioned, possibly of escaped individuals.

Litteratur

Anonym. 1968. Var anda rømt? *Christiansands Tidende*, 16. febr.

Anonym. 1972. Sjelden andefugl. «*Vi menn*» nr. 14.

Anonym. 1974. Fra Øst-Asia via England til Bergen. *Morgenavisen* (Bergen) 22. mai.

Anonym. 1977. Fuglefaunaoversikt Karmøy 1976. *Falco 6 (3)*, 60-71.

Bauer, K. M. & Glutz von Blotzheim, U. N. 1966. *Handbuch der Vögel Mitteleuropas*. Bd. 2, 287-288. Frankfurt am Main.

Berget, T. & Strømsmoen, K. 1973. Observasjoner fra Rendalen. *Sterna 12*, 223.

Blædel, N. 1959-63. *Nordens fugle i farger*. Bd. 7, 438. København.

Brehm, A. 1931. *Dyrenes liv*. Bd. 2, 162. Oslo.

Brehm, A. - Ekman, S. 1957. *Djurens liv*. Bd. 7, 1202. Stockholm.

Collett, R. 1921. *Norges fugle*. Bd. 3, 41. Kristiania.

Check mark/insert: **på våren.**

Cramp, S. 1977. *Handbook of the Birds of Europe, the Middle East and North Africa.* Bd. *1,* 465-470. Oxford. Flere medarbeidere.

Dementiev, G. P. 1966-69. *Birds of the Soviet-Union.* Bd. *4,* 555-561. Jerusalem. Flere medarbeidere.

Haftorn, S. 1971. *Norges fugler,* XII. Oslo.

Hanström, B. 1973. *Djurens värld.* Bd. *8,* 464. Malmö. Flere medarbeidere.

Harveland, A. 1969. Smånotiser. *Sterna 8,* 342-343

Heinzel, H., Fitter, R. & Parslow, J. 1973. *Fugleleksikon i farger,* 51. Oslo.

Holgersen, H. 1963. Ringmerkingsoversikt 1962. *Sterna 5,* 229-266.

Holgersen, H. 1964. Mandarinand i Skien og på Jæren. *Sterna 6,* 91-92.

Iversen, B. 1978. Sjeldne gjester i Rendalen. *Østlendingen/Hamar Dagblad,* 23. mai.

Klafs, G. 1977. *Avifauna der Deutschen Demokratischen Republik.* Bd. *1,* 283. Jena ·

Kojedal, H. I. 1971. Mandarinender på Røros. *Sterna 10,* 148.

Munthe-Kaas Lund, H. Mandarinand. *Skogeieren 53 (11),* 33.

Norsk Zoologisk Forening. 1961.Norske dyrenavn (virveldyr). *Fauna 14,* (bilag), 27.

Norsk Zoologisk Forening. 1976. Norske dyrenavn (virveldyr). *Fauna 29,* 28.

Olsen, K. 1976. Oversikt over observasjoner av spesiell interesse fra Vest-Agder, hovedsakelig fra 1975. *Piplerka 6 (3/4),* 85-94.

Savage, C. 1952. *The Mandarin Duck.* London. 78 s.

Schaanning, H. Tho. L. 1921. Mindre meddelelser. *Norsk Ornitologisk Tidsskrift 1,* 103.

Schaanning, H. Tho. L. 1930. Revidert Oversikt av Norges Fugler, inclusive Svalbards og Jan Mayens fauna. *Norsk Ornitologisk Tidsskrift 3,* 277-291.

Schjølberg, B. 1971. Mandarinender på Røros. *Sterna 10,* 148.

Simonsen, T. 1965. Sjelden gjest ved Lundsbroen. *Fædrelandsvænnen* (Kristiansand), 1. febr.

Spikkeland, O. K. 1973. Mandarinand og sivhøne i Langsævannet. *Larus 2,* 11.

Sveriges Ornitologiska Förening. 1958. *Förteckning över Sveriges fåglar.* 112 s. Stockholm.

Vik, R. 1962. *Fuglene i farger,* 252. Oslo.

Øvrebø, T. 1979. Var det mandrinender? *Villmarksliv 7 (1),* 63.

Forfatterens adresse: A 111, 7035 Moholt

One of the contributors to the article in 1979, who had seen a Mandarin duck, was the artist Kjell Strømsmoen (next page). When I asked him for a description of the bird, he sent this ink drawing. Thirty five years later – remembering his drawing and aware that he now had his own artist school in Sweden and was a renowned illustrator of books - I contacted him with a request to draw the cover of my book "From the Hornets' Nest to Custer's Last Stand" - and he did.....

Kjell Strømsmoen

Old Northern goshawk with prey.

The Goshawk population in Norway over the past 100 years.

Published in Vår fuglefauna, the quarterly periodical of the Norwegian Ornithological Society, in 1979.

To produce the graphs and maps for the article about Goshawk the previous year had taken a lot of research into literature, which in turn had provided me with a lot of new knowledge. The venture into the history of the hawk, combined with my childhood experience with avid hunters and trappers telling me about their endeavours, had created an urge to produce a more complete review of the Goshawk's past and present in Norway. I wanted to look at the population dynamics and trend from all possible angles. During my research I had made contact with a retired forest ranger and game warden who had been caring for some of the largest tracts of forest in Grue Municipality – 17 300 acres of the Bredesen-Opset properties – for 43 years. He had intimate knowledge not only about the Goshawk's occurrence and history, but all the other birds of prey and owls. His name was Reidar Bestum, and over five years he sent me 13 pages full of information about what he knew, had seen, hunted and trapped. This information I made good use of in 1979.

Reidar Bestum at his home in the Finn Forest in 1992, 88 years old.

Modern forestry made heavy impact on the Goshawk population.

Young bird with the bone of contention in the struggle with the hawk – a Black grouse, one of the forest hens.

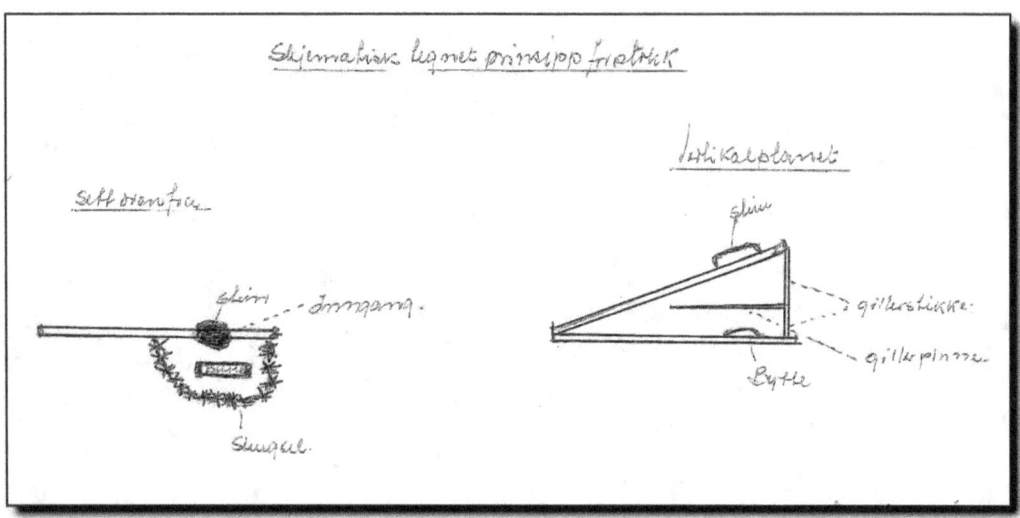

Two of the most common traps used for Northern goshawk. A deadfall trap drawn by Reidar Bestum – baited with recently caught prey – and a bulvan steel trap, baited with a stuffed Black grouse.

Mentz Kvesetberg caught 107 goshawks with a bulvan steel trap.

Tore Slagsvold – now a professor and the most cited ornithologist in Norway - was the University's wiz kid. An ornithologist who was also a statistician, he did his Ph.D. at age 31, a feat almost impossible to achieve due to time requirements on the Master and Ph.D. research. As I knew him personally, and due to my request, he was my scientific mentor during my Master. He also helped me with the statistical calculations in the articles about the Goshawk, and Horizontal Partition of the Breeding Territory in Three-toed Woodpeckers.

The smaller sparrow hawk was – sometimes deliberately – mistaken for goshawk, as the latter had a larger bounty on its head.

Bestandsutviklingen hos hønsehauk
Accipiter gentilis, i Norge de siste 100 år

ASBJØRN SOLLIEN

Rovfugldebatten er ofte preget av mangel på eksakt viten. Allikevel ligger påfallende mye eldre data uanvendt. I denne artikkelen benytter forfatteren bl.a. avskytningsstatistikken for å belyse hønsehaukens bestandsutvikling. Han presenterer dessuten nytt materiale på produksjon og territoriestørrelse.

OPPSUMMERING

Siden hønsehauken ble fredet i 1971 har det stadig pågått en debatt om berettigelsen av denne fredningen. Motstandere av fredningen, særlig representert ved Norges Jeger- og Fiskerforbund, mener at hønsehauken bør bli gjenstand for «større oppmerksomhet» fra jegernes side. Videre råder den oppfatning at rovviltjakt er aktivt viltstell, og at det bør bli en bedre balanse mellom slik jakt og jakt på matnyttig vilt (NJFF's viltstellutvalg 1978). I Aust-Agder ble det satt i gang undersøkelser av hønsehaukbestanden for om mulig å skaffe grunnlag for en påstand om at hønsehaukens bestandsstørrelse var normal, og at fredningen derfor burde oppheves. Resultatene ble presentert i form av en rapport (Lørdahl 1975). Dette førte til at tillatelse til vinterjakt ble gitt (1. okt. - 23. des. og 1. jan. - 28. feb.) i fylkene Aust-Agder, Vest-Agder, Telemark og Vestfold.

Det ble reist protester mot vinterjakt fra Norges Naturvernforbund og Norsk Ornitologisk Forening. Fagornitologer hevdet at selv om hønsehaukens bestandsutvikling var vanskelig å følge med i grunnet artens skjulte levesett, var det åpenbart at antall hekkepar var gått merkbart tilbake i enkelte distrikter. Andre steder ble det imidlertid antatt at bestanden fremdeles var bra (Lid og Schei 1976). En samlet vurdering av hønsehaukens situasjon i Europa konkluderte med at for Norges vedkommende hadde bestanden minket, men at stabiliserende tendenser muligens var registrert (Norderhaug 1978). Det ble videre påvist at konklusjonene som var trukket etter undersøkelsene i Aust-Agder, var diskutable og ikke bygde på entydige resultater. Det ble derfor foreslått at dette materialet burde underkastes en grundig vitenskapelig behandling før en kunne bygge videre på resultatene (Røv 1978). Analyser av vandringsmønsteret og dødeligheten i de forskjellige aldersklasser i hønsehaukbestanden, viste at en i første rekke måtte gå ut fra at det var ungfuglandelen som ville bli rammet ved vinterjakt. Denne aldersklassen har imidlertid også høy naturlig dødelighet, og funksjonen av vinterjakt som desimerende faktor på hønsehaukbestanden ble trukket i tvil (Sollien 1978).

I debatten om vinterjakt på hønsehauk,

Denne hønsehaukhunnen er identisk med individet på midtsidene. På grunn av et unormalt he
er fuglen lett å kjenne igjen, selv om den på dette bildet er blitt tre år eldre. Fotogr
Nord-Trøndelag 10. april 1979. Ⓦ. *Goshawk*.   Foto: Per J. Tømm

har man i stor grad konsentrert seg om
artens næringsvaner. Når det gjelder
tilstanden i den norske hønsehauk-
bestanden, har man i større grad måttet ty
til gjetninger og antakelser. Denne
artikkelen behandler enkelte aspekter
vedrørende den norske bestanden av
hønsehauk, spesielt svingninger og be-
standsutvikling de siste 100 år, noe om de
årsakene som kan ligge til grunn for
eventuelle endringer i bestanden, og litt om
situasjonen i 1970-årene. Videre vurderes
den mulige innvirkning jakt kan ha på
dagens hønsehaukbestand.

MATERIALE OG METODER

For å få et innblikk i hønsehauk-
bestandens svingninger og bestandsut-
vikling har jeg benyttet meg av to metoder:

1. Skuddpremiestatistikken for Hed-
mark fylke i tidsrommet 1846 - 1971
(Statistisk Sentralbyrå 1978). Jeg har
valgt Hedmark fylke av flere årsaker, blant
annet fordi det er et stort barskogs- og

96

innlandsfylke. Det burde derfor inne
de biotoper som er beskrevet som ty
leveområder både for skogsfugl og h
hauk (Haftorn 1971). Videre er det h
flere hønsehauk enn i noe annet
nemlig 40.054 individer av totalt 33
på landsbasis i det nevnte tidsrom.

Vekslingene i antall felte hønseha
jevnført med vekslinger i bestand
smågnagere i perioden 1871 -
Analysen er foretatt med x^2-test
forskjellige måter: a. Avskytninge
hønsehauk ett år er sammenligne
tilstanden i smågnagerbestanden s
år. b. Avskytningen av hønsehauk et
sammenlignet med tilstanden i småg
bestanden året før. Symbolene so
anvendt for smågnagernes vedkom
er + og +. + betyr topp i bestand
både «mus» og lemen. + betyr topp
én av bestandene, eller at det ikke ha
topp i noen av bestandene. De s
symbolene er anvendt for hønsehau
betyr at avskytningen ett år har st

forhold til det forrige. ÷ betyr at avskytningen ett år har sunket i forhold til det forrige.

For perioden 1871 - 1949 er opplysninger om bestandstopper hos «mus» og lemen presentert samlet for fylkene Vestfold, Buskerud, Oppland, Hedmark, Akershus og Østfold (Wildhagen 1952). For perioden 1950 - 1960 er opplysninger om bestandstopper hos «mus» fra Sør-Hedmark, mens opplysninger om bestandstopper hos lemen er fra hele fylket samlet (Myrberget 1965). For perioden 1961 - 1971 er opplysninger om bestandstopper hos «mus» og lemen slått sammen for fylkene Østfold, Oslo, Akershus, Hedmark og Oppland (Myrberget 1973).

Avskytningen av hønsehauk i tidsrommet 1900 - 1978 er dessuten visuelt sammenlignet med svingningene mellom topp- og bunnår i den norske hønsefuglbestanden (orrfugl Lyrurus tetrix, og storfugl Tetrao urogallus).

Fra 1953 - 1970 er avskytningen av hønsehauk også sammenlignet med en avskytningsstatistikk på skogsfugl (storfugl, orrfugl og jerpe Tetrastes bonasia) fra Hurdal (Sørensen 1977a). Materialet er behandlet med en regresjonsanalyse, og her er avskytningen av hønsehauk ett år sammenlignet med avskytningen av skogsfugl samme år.

2. Territoriestørrelser i 1930-, 1940- og 1950-årene sammenlignet med det som er funnet i 1970-årene. Territoriestørrelser er beregnet i områder som er holdt under oppsikt i en årrekke. Områdenes flateinnhold er dividert med antall par som hekker. Resultatet er oppgitt i antall kvadratkilometer pr. par.

Materialet fra Sør-Hedmark stammer fra forstmester Reidar Bestum (pers. medd.), som hadde to områder under kontinuerlig oppsikt i periodene 1934 - 1941 og 1943 - 1954. Det første området hadde et flateinnhold på ca. 30 km², det andre ca. 40 km². Materialet fra Akershus er delvis hentet fra Sørensen (1977 b), men Sørensen har også personlig kommet med opplysninger fra 1950- og 1970-årene, om territoriestørrelser hos hønsehauk i et ca. 500 km² stort område i Akershus. Opplysningene fra Aust-Agder er hentet

fra Lørdahl (1975). Disse resultatene er videre sammenlignet med resultater fra Sørvest-Finland i tidsrommet 1969 - 1976, der tettheten av hekkende par er antatt å være relativt stor (Wikman 1977). Sammenligningen av territoriestørrelsene har vært noe av utgangspunktet for vurderingen av bestanden i 1970-årene.

Bestandsutviklingen i 1970-årene er beregnet ved hjelp av formelen:

$$\sum l_x \, m_x = R_0$$

l_x = antall overlevende hunner i år x, m_x = produksjon av hunner pr. voksen hunn i år x. R_0 angir om bestanden synker, holder seg flytende eller stiger. I en tenkt bestand på 100 hunner vil R_0 = 100 si at bestanden holder seg flytende. Ved R_0 < 100 synker bestanden, mens R_0 > 100 angir at bestanden øker.

For perioden 1970 - 1978 er produksjonen i 66 reir i Norge sør for Trøndelag funnet å være gjennomsnittlig 2.61 flygedyktige unger pr. reir (Tab. 1), og denne verdien er benyttet videre til beregningen av bestandstendensen i landsdelen. delen.

Overlevelsesandelen av hunner pr. år er beregnet ved hjelp av den årlige dødelighet i bestanden. I første leveår er dødeligheten 74%, i andre leveår 53%, i de følgende leveår er dødeligheten beregnet til 22% pr. år (Sollien 1978).

Tabell 1. Antall reir som danner grunnlaget for utregning av den gjennomsnittlige produksjonen 1970—1978, og i hvilke tidsrom de er undersøkt. Alle reir er fra Norge sør for Trøndelag.
The number of nests which form the basis for the calculation of the average population of fledglings 1970-78, and when the data was collected. All nests are in Norway south of Trøndelag.

| Observatører | Tidsrom | Ant. reir |
Observer	Time period	No. of nests
Bekken/Jerstad	1973-1978	8
Kjelsaas/Knai	1970-1978	30
Nesholen	1978	1
Sørensen	1975-1978	13
Valde/Rabben	1970-1978	8
Wabakken	1971-1978	6
Sum	1970-1978	66

Produksjonsverdiene fra Sør- og Midt-Norge i 1970 - 1978 er sammenlignet med verdier fra Mellom-Europa i perioden 1931 - 1970 (Bauer og Glutz von Blotzheim 1971), fra Finland 1952 - 1962 (Sulkava 1964), fra Sverige 1954 - 1960 (Høglund 1964 a) og fra Aust-Agder 1972 - 1975 (Lørdahl 1975).

I vurderingen av hvilken innvirkning jakt og fangst kan ha på dagens bestand av hønsehauk, er det blant annet vist hvilke aldersklasser som i første rekke blir rammet av etterstrebelse. Dette resultatet er sammenlignet med den aldersfordelingen den norske bestanden trolig har.

Hønsehaukbestanden er inndelt i tre aldersklasser: 0 - 1. år, 1. - 2 år og 2 - 9 år. Den øvre grense for ungfugl er satt til 2 år, fordi hønsehauken ifølge Høglund (1964 a) blir kjønnsmoden ved denne alder. Lengste levealder, 9 år, er benyttet fordi dette er eldste norske ringfugl (Sollien 1978).

Framstillingen av dødelighet på grunn av jakt og fangst, er inndelt i to aldersklasser: 0 - 1½ år (da fuglen ifølge Haftorn (1971) gjenkjennes på sin ungfugldrakt), og 1½ - 9 år. For lettere å kunne sammenligne aldersklassene ved dødelighet på grunn av jakt og fangst, og aldersklassene i den tenkte bestanden av hønsehauk, er klassen 0 - 1½ år slått sammen med en beregnet 1½ - 2 års klasse. Det er gått ut fra at ca. 3/4 av klassen 0 - 2 år er falt bort etter 1½ år, og det er derfor addert en ekstra fjerdedel til klassen 0 - 1½ år. Dette gir allikevel trolig en noe for høg dødelighet i klassen 0 - 2 år, i forhold til klassen 2 - 9 år (jf. Sollien 1978).

RESULTATER

Fig. 1, viser avskytningsstatistikken for hønsehauk i Hedmark fylke i 1846 - 1971, og tilstanden i smågnagerbestandene i 1871 - 1971. x^2-test av sammenhengen mellom avskytningen av hønsehauk og bestanden av smågnagere, viser at oppgangsår i hønsehaukbestanden har en ubetydelig sterkere tendens til å falle sammen med smågnagertopper enn nedgangsår. Sammenlikning av avskytningen av hønsehauk og bestanden av smågnagere samme år (metode a), ga $x^2 = 1.76$, ikke signifikant. Sammenlikning av avskytningen av hønsehauk ett år og bestanden av

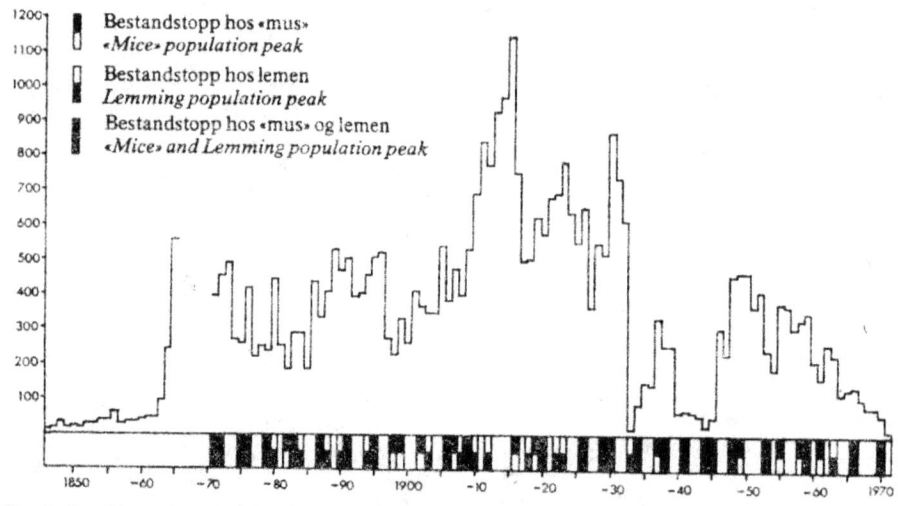

Fig. 1. Skuddpremiestatistikken for hønsehauk i Hedmark fylke i årene 1846—1971. Under kurven er smågnagernes bestandsvekslinger i perioden 1871—1971 angitt.

Bounty statistics for the Goshawk in Hedmark county 1846-1971. Below the graph, fluctuations in the small rodent population 1871-1971.

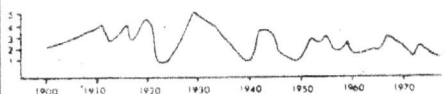

Fig. 2. Vekslinger i skogsfuglbestanden (Orrfugl, storfugl og jerpe) i Norge 1900—1978. 1 = Uår. 2 = Dårlig år. 3 = Middels år. 4 = Bra år. 5 = Kronår. Etter Hjeljord (1978).
Fluctuations in the forest tetraonids 1900-1978. 1 = very poor year. 2 = poor year. 3 = average year. 4 = good year. 5 = very good year (Hjeljord 1978).

smågnagere året før (metode b), ga x^2 = 2.40, ikke signifikant. n = 82 i begge testene.

Fig. 2, viser svingningene mellom topp- og bunnår i den norske hønsefugl-bestanden (etter Hjeljord 1978). Visuell sammenlikning mellom denne kurven og kurven for avskytning av hønsehauk i Hedmark (Fig. 1), viser at det er stor overensstemmelse. I perioder med topper i hønsehaukavskytningen viser skogsfugl-kurven overveiende at det har vært fra middels bra år til kronår for skogsfugl.

Fig. 3, viser sammenhengen mellom avskytningen av hønsehauk og skogsfugl. Stor avskytning av hønsehauk hadde en sterk tendens til å falle sammen med stor avskytning av skogsfugl (R = 0.83, p < 0.001, n = 18).

Felte hønsehauk i Hedmark
Goshawks shot in Hedmark

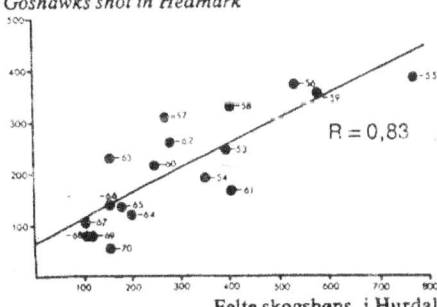

R = 0,83

Felte skogshøns i Hurdal
Tetraonids shot in Hurdal

Fig. 3. Sammenhengen mellom avskytning av skogsfugl i Hurdal og hønsehauk i Hedmark i årene 1953—1970. Tallene ved hvert punkt angir årstall.
The relation between shooting of forest tetraonids in Hurdal and Goshawks in Hedmark county 1953-1970. Figures indicate the years.

Tabell 2. Utviklingen av hønsehaukens territorie-størrelse i Sør-Norge sammenlignet med aktuelle territoriestørrelser i SV—Finland.
Trend in the size of Goshawk territory in S. Norway compared with recent territory sizes in SW-Finland. .

Distrikt/land *District/country*	Tidsrom *Time period*	Par/km² *Pairs/km²*
Sør-Hedmark	1934-1941	ca. 1/10
Sør-Hedmark	1943-1954	ca. 1/15
Akershus	1950-årene	ca. 1/ 30
Aust-Agder	1972-1975	ca. 1/50
Akershus	1970-årene	ca. 1/60-80
SV—Finland	1969-1976	ca. 1/20

Tabell 2, viser utviklingen i hønsehaukens territoriestørrelse i perioden 1934-1978 i Sør- og Midt-Norge. Ifølge tabellen kan tettheten av hekkende hønsehauk i 1930-årene lokalt ha vært så høy som ett par pr. 10 km². Resultatene viser videre at territoriestørrelsen stadig har økt, til det i Aust-Agder og Akershus i 1970-årene ble registrert henholdsvis ett par pr. 50 km² og ett par pr. 80 km².

Tabell 3, viser produksjonsverdier (antall flygedyktige unger pr. reir) fra Mellom-Europa i årene 1931 - 1970, Finland 1952 - 1962, Sverige 1954 - 1960, Aust-Agder 1972 - 1975 og Sør- og Midt-Norge 1970 - 1978.

Tabell 3. Produksjonsverdier (antall flygedyktige unger pr. reir) fra Mellom-Europa i 1931—1970 sammenlignet med verdier fra Nord-Europa i 1952—1978.
Production figures (no. of fledglings per nest) from Central Europe 1931-1970 compared with figures from Northern Europe 1952-1978.

Distrikt/land *District/country*	Tidsrom *Time period*	Prod. *Prod.*
Erzgebirge	1937-1968	2,09
Bezirk Leipzig	1931-1970	1,64
Nederland	1964-1967	1,65
Mark Brandenburg	? - ?	1,64
Sydbayern	1962-1969	1,56
Nordbayern	1957-1969	1,56
Schleswig-Holstein	1967-1969	1,54
Finland	1952-1962	3,00
Sverige	1954-1960	2,63
Aust-Agder	1972-1975	2,30
Sør-Norge	1970-1978	2,61

Beregning av bestandsutviklingen i Norge sør for Trøndelag i 1970-årene, med 2.61/2 produserte hunner pr. voksen hunn, gir R_o

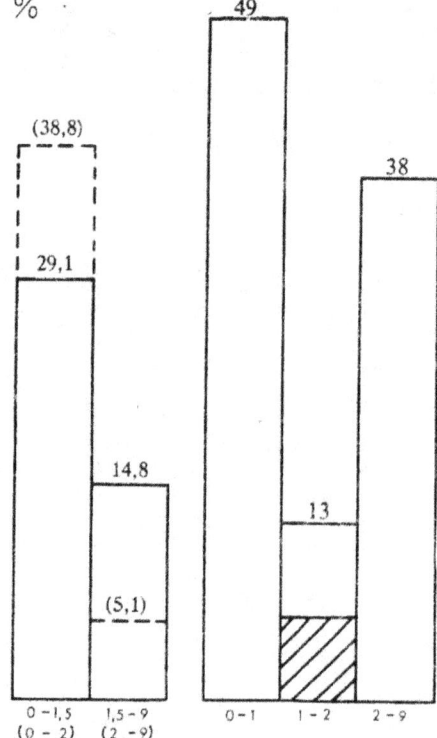

Aldersklasser
Age classes

Fig. 4. De to søylene til venstre angir dødelighet som en følge av jakt og fangst, og er basert på 182 gjenfunn av ringmerkede hønsehauk (Sollien 1978). De tre søylene til høyre angir den sannsynlige, gjennomsnittlige aldersfordelingen i den norske hønsehaukbestanden i juli (Sollien 1978). Tallene i parentes refererer til de prikkete linjene i søylene til venstre. Det skraverte området angir den andelen av ungfugl som rekrutterer den voksne bestanden.

The two left hand columns show mortality caused by hunting, and the three right hand columns show the probable average structure of the Norwegian Goshawk population. The size of each age group is shown as a percentage. The figures in brackets refer to the dotted lines in the left hand colums. The shaded area shows the proportion of young birds recruited to the adult population.

= 96.5. For at bestanden skulle ha holdt seg flytende ville det vært nødvendig med en produksjon på 2.71 flygedyktige unger pr. reir i gjennomsnitt i 1970-årene. Dette indikerer at hønsehaukbestanden i Sør-Norge etter alt å dømme har vært svakt synkende.

Fig. 4, viser dødeligheten i de forskjellige aldersklasser, som følge av jakt og fangst sammenliknet med den sannsynlige aldersfordelingen i bestanden i juli. Av i alt 182 gjennfunn av ringmerkete hønsehauk var dødsårsaken oppgitt som skutt eller fanget for 53 ungfugler (29,1%) og 27 voksne (14.8%) (Sollien 1978). Det skraverte området angir andelen av ungfugl som rekrutterer den voksne bestanden.

DISKUSJON

Som det går fram av Fig. 1, ble det i perioden 1846 - 1864 innlevert meget få hønsehauk. Antall innleverte individer pr. år steg siden sterkt. En av de viktigste årsaker til dette må være at skuddpremien i 1864 ble hevet til å være like høy som for «ørn» (Hagen 1969). Dette medførte sannsynligvis både at motiveringen for å etterstrebe arten økte, og at det ble innlevert andre arter som ble utgitt for å være hønsehauk. Dette kunne antakelig være både ikke premierte arter og arter som hadde lavere premie enn hønsehauk. I 1920-årene ble imidlertid denne feilkilden ansett som relativt ubetydelig (Johnsen 1928).

Dessuten ble det fra århundreskiftet en hovedsak for Norges Jeger- og Fisker-forbund å «utrydde rovdyr» (Hagen 1969). I 1909 ble «foreningen til utryddelse av rovdyr» stiftet, og selv om den bare eksisterte i tre år, rakk den å dele ut mer enn 5.000 sakser (Johnsen 1928). I denne perioden, og likeså i noen år framover, må en altså regne med en viss økning i beskatningen av hønsehauk, og at dette har innvirkning på statistikken i Fig. 1.

I 1932 sluttet Staten å utbetale skudd-premier, og overlot dette til fylkene og de lokale jegerforeningene (Hagen 1969). Dette har åpenbart hatt innvirkning på antall innleverte hønsehauk. Det ser også ut til at 2. verdenskrig dempet etterstrebelsen av arten.

Hønsehauk som gjør et mislykket forsøk på å forflytte en utlagt gråmåke *Larus argentatus*.
Nord-Trøndelag 10. april 1979. *Goshawk.*   Foto: Per J. Tømmeraas.

TERRITORIESTØRRELSE

Tettheten av hekkende hønsehauk i Sør-Hedmark i 1934 - 1941 og 1943 - 1954 er muligens noe underestimert. I den første perioden ble det registrert 7 reir på 30 km², det vil si ett par pr. 4.3 km². Imidlertid hendte det at to av reirene ble stående ubrukt enkelte år til fordel for to reir utenfor området. Dette gir ett par pr. 6 km². Det er videre gått ut fra at enkelte av revirene kunne strekke seg utenfor det området som det ble holdt oppsikt med, og således er territoriestørrelsen anslått til ca. 10 km² pr. par. Samme modifikasjoner er innlagt i beregningene av territoriestørrelse i perioden 1943 - 1954, da det ble registrert 6 reir på 40 km².

Resultatene tyder på at tettheten av hekkende hønsehauk i Norge sør for Trøndelag må ha sunket betraktelig. I Sørvest-Finland ble det funnet ett par pr. 20 km² i et 486 km² stort område i perioden 1969 - 1976 (Wikman 1977). Samme verdi er oppgitt i en annen finsk undersøkelse (Huhtala og Sulkava 1976). Ett par pr. 20 km² kan antakelig betraktes som en sannsynlig normalverdi for opprinnelige, norske forhold.

BESTANDSUTVIKLING

Ved beregning av bestandsutviklingen i 1970-årene, 2.61 flygedyktige unger pr. reir, dødelighet blant voksne fugler på 22%. Denne verdien er beregnet på grunnlag av bare 17 gjenfunn etter 2. leveårs utgang (Sollien 1978). Ifølge finske undersøkelser bør det riktige tallet ligge under 20% (Haukioja 1970, Saurola 1976).

Produksjonstallet som er anvendt som gjennomsnitt for Norge sør for Trøndelag i 1970-årene, 2.61 flygedyktige unger pr. reir, kan være for høyt. Oppgavene bygger i hovedsak på observasjoner gjort under ringmerking. Det er således mulig at unger har avgått ved døden etter at ringmerking er foretatt, og før de har nådd flygedyktig alder. Produksjonen er dermed i realiteten mindre enn antatt.

De to sistnevnte feilkilder (dødelighet blant voksne og produksjon) vil imidlertid trekke i hver sin retning, og verdien av R_o er derfor antatt å være omtrent riktig.

FAKTORER SOM KAN TENKES Å HA PÅVIRKET BESTANDEN AV HØNSEHAUK

Resultatene tyder på at bestanden av hønsehauk i Norge er betraktelig redusert. Dette stemmer overens med tidligere undersøkelser i Sør-Hedmark (Sollien et. al. 1976), og hva som tidligere er antatt for landet som helhet (Lid og Schei 1976). En reduksjon i bestanden er også antatt på Europeisk basis, spesielt gjennom 1960-årene (Bijleveld 1974). Beregningene foretatt på grunnlag av produksjon og dødelighet, tyder på at bestanden i Norge kan ha sunket ytterligere gjennom 1970-årene. Hva kan årsakene til denne tilbakegangen være? Kan enkelte faktorer har virket sterkere enn andre, og hvilke faktorer er virksomme i dag?

JAKT

Skuddpremiestatistikken omfatter alle 30 herreder/kommuner i Hedmark fylke. 30 innleverte oppgaver over felt hønsehauk ett år er således 100%. Etter 1925 foreligger oppgavene ikke bare for fylket, men også herredsvis/kommunevis. I perioden 1925-1932 ble det innlevert totalt 223 av 240 mulige oppgaver, dvs. 93%. I periodene 1875-1909 ble det innlevert gjennomsnittlig ca. 375 hønsehauk årlig, mens det i 1910-1932 ble innlevert ca. 675 stk. gjennomsnittlig pr. år. I 1875-1925 går jeg ut fra at innleveringsprosenten bør ha vært like høy som i 1925-1932, da motivasjonen for beskatning må ha vært høy, og da skuddpremien ble hevet i 1864. Hvis en regner med en innlevering på 93% også i periodene 1934-1939 og 1946-1963, blir gjennomsnittlig antall felte hønsehauk pr. år henholdsvis ca. 410 og 450. Dette tilsier at i hele perioden 1875 - 1963 ble det i gjennomsnitt skutt ca. 400 hønsehauk årlig. Unntatt herfra er perioden 1910 -

1932, og årene under 2. verdenskrig. At gjennomsnittet er høyt i førstnevnte periode, henger antakelig sammen med at nettopp årene 1909 - 1912 var noen av de rikeste viltår som er registrert i Norge (Hagen 1969). Likeledes var det gode år fram mot 1916, og i begynnelsen og slutten av 1920-årene, med en topp rundt 1930 (Hjeljord 1978).

Fig. 5, viser utbetalte skuddpremier på landsbasis i årene 1881 - 1931 etter Munthe-Kaas Lund (1950). Her forekommer noenlunde samme svingninger som i kurven fra Hedmark, og det er topper omkring 1910 - 1915 og 1930. Likeledes viser den ingen fallende eller stigende tendens, og svinger jevnt omkring et antall på ca. 4.000 hønsehauk årlig.

Dette tyder på at bestanden antakelig var relativt upåvirket av jakttrykket helt fram mot 1960. I denne forbindelse er det verd å merke seg at det årlig skytes ca. 5 000 hønsehauk i Finland uten at dette tilsynelatende har noen innvirkning på hekkebestanden (Wikman 1977). Det er derfor grunn til å anta at jakt bare virker som en vikarierende dødelighetsfaktor i en ellers relativt upåvirket hønsehaukbestand. En må derfor gå ut fra at det var andre hovedårsaker til hønsehaukbestandens tilbakegang fra 1950-årene til 1971, og at én eller flere av disse årsakene fremdeles kan være virksomme.

Av resultatene går det fram at det overveiende er ungfugl i 0 - 2 årsklassen som blir berørt av jakt og fangst (Fig. 4). Dette vil si ikke-produktive individer på

Fig. 5. Avskytningen av hønsehauk i Norge i årene 1881—1931 (etter Munthe-Kaas Lund 1950).

Goshawks shot in Norway 1881-1931. (After Munthe-Kaas Lund 1950).

Hønsehaukbiotop fra Nord-Trøndelag. Arten er meget utsatt på grunn av moderne skogsdrift og mange tidligere tradisjonelle hekkeplasser ligger nå forlatt. Foto: Per J. Tømmeraas.

vandring, som er antatt å ha en høy naturlig dødelighet. Også her virker jakt og fangst hovedsakelig bare som en vikarierende dødsårsak (Sollien 1978). Jakttrykket på den voksne, produktive del av bestanden synes derfor å være relativt ubetydelig.

TILGANGEN PÅ SMÅGNAGERE OG SKOGSFUGL

Den statistiske testen av Fig. 1 indikerer at svingningene i hønsehaukbestanden ikke kan være nevneverdig påvirket av tilstanden i bestanden av smågnagere. Tidligere undersøkelser både i Sverige og Norge har vist at hønsehauken bare i liten grad tar smågnagere som bytte (Høglund 1964b, Hagen 1969). Det kan imidlertid tenkes at ekstra store forekomster av smågnagere kan forsterke en allèrede eksisterende oppgangsfase i hønsehaukbestanden, da de i slike perioder vil eksponere seg sterkere enn ellers.

Fig. 1 sammenholdt med Fig. 2, viser at vekslingene i hønsehaukbestanden ser ut til å følge vekslingene i bestanden av skogs-

høns relativt nøyaktig. Fig. 3, viser en meget klar statistisk sammenheng mellom avskytningen av skogsfugl i Hurdal og avskytningen av hønsehauk i Hedmark i perioden 1953 - 1970. En bør imidlertid være klar over at statistiske sammenhenger ikke nødvendigvis representerer årsakssammenhenger. Utenforliggende årsaker kan virke på begge bestander slik at de svinger i takt.

I Finland utgjør skogshøns uten tvil hønsehaukens viktigste bytte (Sulkava 1964). I Norge og Sverige utgjør de en atskillig mindre del av byttedyrene (Hagen 1952, Høglund 1964b). Den viktigste regelen for hønsehaukens næringsvalg ser ut til å være at selv om den i enkelte tilfelle kan spesialisere seg sterkt (Pielowski 1959 og 1961, Rummel 1962, Myrberget 1970, Slagsvold 1978), tar den i første rekke de byttedyr av en viss størrelse som finnes tilgjengelig i størst mengde (Bollingmo 1978).

Hønsehaukens negative bestandsutvikling kan ha sin bakgrunn i sviktende tilgang på næring i typiske skogsområder. Men trolig kan både hønsehauk og skogsfugl være påvirket av utenforliggende årsaker. Det er hevet over tvil at også bestanden av skogsfugl i Norge har gått tilbake (f.eks. Wegge og Grasaas 1977, Hjeljord 1978). Som en av de utenforliggende faktorer som kan ha redusert bestandene både hos skogshøns og hønsehauk, vil jeg trekke fram det sterkt rasjonaliserte, moderne skogbruk.

SKOGSDRIFT

Hønsehauken foretrekker i forplantningstiden storstammet, gammel skog, helst blandingsskog men også ren barskog (Haftorn 1971). Undersøkelser fra Sverige viser at selve hogstvirksomheten som forstyrrende faktor ved reiret, neppe er den alvorligste trusel (Lind 1970). Den sterkeste påvirkning er trolig den varige forringelse av biotopen som følger planmessig hogging av snauflater. Biotopen vil verken få den alder eller det mangfold den bør ha når snauflatene igjen plantes med monokulturer av gran eller furu. Dette tilsier at hønsehauken i dag overveiende vil måtte hekke i relativt dårlige biotoper, og dette vil sannsynligvis kunne ha innvirkning på produksjonen.

Finske undersøkelser viser en betydelig forskjell i hekkesuksess fra revir til revir. Det «beste» reviret som ble undersøkt, hadde i gjennomsnitt 3.6 unger pr. år gjennom 8 år, mens det «dårligste» ikke produserte en eneste unge de siste 5 år undersøkelsen varte (Wikman 1977).

MILJØGIFTER

Det er i flere land påvist en svært sannsynlig sammenheng mellom bruk av miljøgifter og nedgang i fuglebestander (Myrberget 1972). Her i landet er det særlig kvikksølv brukt til beising av såkorn i jordbruket som har vært i søkelyset. I Sverige er det påvist at bestandene av rovfugl tidligere var sterkt påvirket av kvikksølvforgiftning (Borg et. al. 1965 og 1969). Andre undersøkelser fra Sverige viste en tydelig sammenheng mellom kvikksølvinnholdet i fjær av blant annet hønsehauk og anvendelsen av kvikksølv i jordbruket i perioden 1940 - 1966. Etter at en i 1966 gikk over til en type kvikksølv som ikke akkumuleres så lett i organismen, og totalforbruket dessuten sank, viste undersøkelsene at restkonsentrasjonene av kvikksølv i den svenske fuglefaunaen hadde sunket (Westermark 1975). Videre ble en økning i flere fuglebestander satt i sammenheng med forandringen i kvikksølvforbruket (Wanntorp et. al. 1967, Borg 1968).

I Norge er det ikke funnet alarmerende restkonsentrasjoner i større grad, verken i fallvilt, normalvilt eller fugleegg (Holt 1969 og 1972). Imidlertid kom undersøkelsene sent i gang, og det er vanskelig å si hvordan kvikksølvpåvirkningen på hønsehaukbestanden kan ha vært i 1940- og 1950-årene. Ifølge de svenske undersøkelsene må en kunne gå ut fra at den har vært negativ.

KONKLUSJON

Materialet som er lagt fram i artikkelen, indikerer at hønsehaukbestanden er betraktelig redusert. Beregning av bestandstendensen kan tyde på at bestanden er meget svak, muligens synkende. Det er meget vanskelig å peke på de faktorer som kan ha vært hovedårsaker til artens tilbakegang. En eller flere av disse faktorer kan derfor fremdeles være virksomme og redusere bestanden ytterligere. Å tillate vinterjakt under slike omstendigheter kan være å tilføre en ekstra dødelighetsfaktor til en allerede negativt påvirket og svak bestand. Hønsehauken bør derfor foreløpig betraktes som en sårbar art som må forvaltes med stor forsiktighet.

Jeg vil til slutt rette en takk til forstmester Reidar Bestum og Ole Jakob Sørensen for opplysninger om territoriestørrelser, til alle observatører nevnt i Tabell 1 for opplysninger om produksjon, til Tore Slagsvold og Bernt Erik Sæther for hjelp med statistiske beregninger og til Tor Bollingmo for hjelp med og kritikk av manuskriptet.

Summary

THE GOSHAWK POPULATION IN NORWAY OVER THE PAST 100 YEARS

The article is a contribution to the debate on winter hunting of the Goshawk in Norway. The author has studied the statistics for Goshawks shot in Norway over the past 100 years, and compared the results with, amongst others, fluctuations in the small rodent population and the forest tetraonid population. Fluctuations in the Goshawk population do not seem to be significantly affected by the small rodent population. However, it seems to follow fluctuations in the forest tetraonid population fairly consistently. Both the forest tetraonid and the Goshawk populations have decreased in Norway. External circumstances may be decisive. Possible causes mentioned are modern forestry, pollutants, and to some extent, hunting. In an otherwise unaffected Goshawk population, hunting is reckoned to be of little significance. Calculation of the trends in the Goshawk population in Norway show that it has declined considerably, and is probably still declining. In such a situation, introduction of hunting would bring an additional mortality factor to an already weak population. The Goshawk is considered a vulnerable species which should be treated with great caution.

Litteratur

Bauer, K. M. og Glutz von Blotzheim, U. N. 1966. *Handbuch der Vögel Mitteleuropas*. Bd. 4, 444-475.

Bijleveld, M. 1974. *Birds of Prey in Europe*. London and Basingstoke. 263 s.

Bollingmo, T. 1978. Trekk fra hønsehaukens *Accipiter gentilis* økologi i Trondheimsområdet i november-april. *Vår Fuglefauna 1*, 132-141.

Borg, K et. al. 1965. *Kvicksilverförgiftningar bland vilt i Sverige*. Mimeographed report, National Veterinary Institute, Stockholm. 53 s.

Borg, K. et al. 1968. Landfaunan och de kvicksilverhaltiga bekämpningsmedlen. *Fauna flora, Upps.*, 63, 186-189.

Borg, K. et. al. 1969. Alcyl mercury poisoning in terrestrial Swedish wildlife. *Viltrevy 6*, 301-379.

Haftorn, S. 1971. *Norges fugler*. Oslo-Bergen-Tromsø. 862 s.

Hagen, Y. 1952. *Rovfuglene og viltpleien*. Oslo.

Hagen, Y. 1969. Norske undersøkelser over avkomproduksjonen hos rovfugler og ugler sett i relasjon til smågnagerbestandens vekslinger. *Fauna 22*, 73-126.

Haukioja, E & M. 1970. Mortality rates of Finnish and Swedish Goshawks. *Finnish Game Research 31*, 13-20.

Hjeljord, O. 1978. *Hønsefugler. Populasjonsdynamikk*. Rapport fra Institutt for naturforvaltning, NLH-Ås. 87 s.

Holt, G. 1969. Mercury residues in wild birds in Norway 1965-1967. *Nord. Vet. Med. 21*, 105-114.

Holt, G. 1972. Kvikksølvundersøkelser av vilt. *Symposium om tungmetallforurensninger*, 129-141.

Huhtala, K. og Sulkava, S. 1976. Breeding Biology of the Goshawk. *Suomen Luonto 35 (6)*, 299-303.

Höglund, N. 1964a. Der Habicht *Accipiter gentilis* Linné in Fennoskandia. *Viltrevy 2 (4)*, 195-270.

Höglund, N. 1964b. Über die Ernährung des Habichts in Schweden. *Vitrevy 2 (5)*, 271-328.

Johnsen, S. 1928. Rovdyr- og rovfuglestatistikken i Norge. *Bergen Mus. Aarbok 1929, Nat. vid. Række Nr. 2*. 118 s.

Lid, G. og Schei, P. J. 1976. Dagrovfugler og ugler. En oversikt over status 1975. *Norsk Natur 12 (1)*, 22-26.

Lind, G. 1970. Duvhöken och det moderna skogsbruket. *DOF-meddelanden 3 (2)*, 6-7.

Lørdahl, L. 1975. *Hønsehauk-undersøkelsene i Vegårdshei, 1972-1975*. Stensil.

Munthe-Kaas Lund, H. 1950. Hønsehauk. *Jakt, Fiske og Friluftsliv 79*, 100-103.

Myrberget, S. 1965. Vekslinger i bestandsstørrelsen hos norske smågnagere i årene 1956-1960. *Med. Stat. viltunders. 2 (19)*, 54 s.

Myrberget, S. 1970. Fra et hønsehaukrede i Troms. *Sterna 9*, 5-8.

Myrberget, S. 1972. *Generell viltøkologi*. Oslo-Bergen-Tromsø. 161 s.

Myrberget, S. 1973. Geographical synchronism of cycles of small rodents in Norway. *Oikos 24*, 220-224.

Norges Jeger- og Fiskerforbunds viltstellutvalg. 1978. NJFF og viltstellet. *Jakt, Fiske og Friluftsliv 107 (6)*, 32-35.

Norderhaug, M. 1978. Status og vern av hønsehauken i Europa. *Vår Fuglefauna 1*, 98-99.

Pielowski, Z. 1959. Studies on the Relationship: Predator (Goshawk) — Prey (Pigeon). *Bull. Acad. Polon. Sciences 7*, 401-403.

Pielowski, Z. 1961. Über die Unifikationseinfluss der selektiven Nahrungswahl des Habichts (Accipiter gentilis L.) auf Haustauben. *Ekologia Polska 9*, 183-194.

Rummel, E. 1962. Diet specialisation among Goshawks (Accipiter gentilis (L)) inhabiting the Environs of the Village of Puka. *Loodusuurijate selts Tallin 54*, 223-226.

Røv, N. 1978. Byttedyrundersøkelse på hønse-hauk i Aust-Agder. *Vår Fuglefauna 1*, 99-102.

Saurola, P. 1976. Mortality of Finnish Goshawks. *Suomen Luonto 35 (6)*, 310-314.

Slagsvold, T. 1978. Hønsehauk som kråke-spesialist. *Vår Fuglefauna 1*, 126.

Sollien, A. et. al. 1976. *Fuglefaunaen i Grue*. 78 s. Offset.

Sollien, A. 1978. Vandringer hos norsk hønse-hauk. *Vår Fuglefauna 1*, 52-59.

Statistisk Sentralbyrå. 1978. *Jaktstatistikk 1846-1977*. Oslo. 195 s.

Sulkava, S. 1964. Zur Nahrungsbiologie des Habichts, *Accipiter gentilis (L). Aquilo Ser. Zool. 3*, 1-103.

Sørensen, O. J. 1977a. En fellingsstatistikk på skogshøns fra Hurdal 1953-1975. Nordisk Skogsfuglsymposium, Røros 1976. *Viltrapport 5*, 39-47.

Sørensen, O. J. 1977b. *Viltområder i Akershus*. Rapport fra Institutt for naturforvaltning, NLH-Ås. 55 s.

Wanntorp, H. et al. 1967. Mercury residues in wood-pigeons *(Columba p. palumbus L.)* in 1964 and 1966. *Nord. Vet. Med. 19*, 474-477.

Wegge, P. og Grasaas, T. 1977. Storfuglunder-søkelsene i Vegårshei. *Jakt, Fiske og Friluftsliv 106 (4)*, 32-35.

Westermark, T. 1975. Mercury Content of Bird Feathers Before and After Swedish Ban on Alkyl Mercury in Agriculture. *Ambio 4 (2)*, 87-92.

Wikman, M. 1977. Duvhökspredation på skogs-fågel i Sydvästra Finland 1975-1976. Nordisk Skogsfuglsymposium, Røros 1976. *Viltrapport 5*, 59-72.

Wildhagen, Aa. 1952. *Om vekslingene i bestan-den av smågnagere i Norge 1871-1949*. (Stat. viltunders.) Drammen. 192 s.

By 1979 this was the most comprehensive and up to date scientific review written about the Goshawk in Norway, and it has gotten quite a lot of attention during the more than three decades following its release. Just days after it was published I was approached by one of the post graduate students doing his master degree on birds of prey who stated that "there was nothing more to be written about the Goshawk".

The statement appeared to become a prophecy – this article seemed to be a stand-alone work for a long time. I have found no references until 16 years after it was published, and 85% of the references were made 24-33 years after its publication.

It is referenced in the following works:

Carroll, Carlos et. al. 2006. Resource selection function models as tools for regional conservation planning for the Northern goshawk in Utah. *Studies in Avian Biology 31*, 288-298.

Grønlien, Helge (ed). 2004. *The Goshawk in Norway. The population status and development the last 150 years.* Norwegian Ornithological Society's Report Series No. 5. 37 pages.

Gundersen, Vegard et. al. 2004. *Goshawk and forestry – a review of population trend, ecology and threats.* Report 2 from the Norwegian University of Agriculture and the Norwegian Institute for Forest Research. 35 pages.

Gundersen, Vegard and Morten Kraabøl. 2012. A review of historical management arguments for Northern Goshawk *Accipiter gentilis* proposed by Norwegian hunters, scientists and conservationists. *Ornis Norvegica 35*, 1-15.

Keane, John J. et. al. 2006. Prey and weather factors associated with temporal variation in Northern goshawk reproduction in the Sierra Nevada, California. *Studies in Avian Biology 31*, 85-99.

Kennedy, Patricia L. 2003. *Northern Goshawk* (Accipiter gentilis atricapillus). *A Technical Conservation Assessment.* Prepared for the USDA Forest Service, Rocky Mountain Region, Species Conservation Project.

Kenward, Robert. 2006. *The Goshawk.* T and A D Poyser, London. 360 pages.

Nygård, Torgeir and Bjørnar Wiseth. 1995. *The Goshawk in the forest environment.* Report 5, the Norwegian Institute for Nature Research.

Reynolds, Richard T. et. al. 2005. Habitat conservation of the Northern goshawk in the south-western United States: Response to Greenwald et. al. 2005.

Reynolds, Richard T. et. al. 2007. Northern Goshawk Habitat: An Intersection of Science, Management and Conservation. *Journal of Wildlife Management 72(4),* 1047-1055.

Roberson, Aimee M. et. al. 2003. *The Northern Goshawk (Accipiter gentilis atricapillus) in the Western Great Lakes Region: A Technical Conservation Assessment.* Report from the United States Fish and Wildlife Service, Albuquerque, New Mexico, University of Minnesota and Oregon State University. 90 pages.

Selås, Vidar. 1998. Does food competition from Red fox (*Vulpes vulpes*) influence the breeding density of goshawk (*Accipiter gentilis*)? Evidence from a natural experiment. *Journal of Zoology, London 246*, 325-335.

Squires, John R. and Patricia Kennedy. 2006. Northern goshawk ecology: An assessment of current knowledge and information needs for conservation and management. *Studies in Avian Biology 31,* 8-62.

United States Department of the Interior, Fish and Wildlife Service. 1998. *Northern Goshawk Status Review. Status review of the Northern goshawk in the forested west.* Report from the Office of Technical Support – Forested Resources, Oregon. 250 pages.

It is also referenced in an unidentified report from the Alaska Region Wildlife and Fisheries.

Occurrence of some shore birds in Eastern Norway.

Published in Vår fuglefauna, the quarterly periodical of the Norwegian Ornithological Society, in 1982.

Based on accumulated data gathered over about ten years in the wetland areas of Grue Municipality (Gardsjøen lake, Rønnåsmyra bog etc.), I made a review of the different species observed, the daily maxima of individuals and when they left the area during their autumn migration.

Some of the species were rare migrants from arctic areas, like the Black-bellied plover, which had only been seen three times in the inner parts of Norway since the year 1900. Several individuals were seen at Gardsjøen lake in late September of 1971 and 1973.

Black-bellied plover

Litt om forekomsten av vadere på høsttrekk på Indre Østlandet

ASBJØRN SOLLIEN, BIRGER NESHOLEN OG
JAN ERIK FOSSEIDENGEN

INNLEDNING

I løpet av de siste ca. 15 år har det kommet fram stadig mer kjennskap til at det finnes tildels rike trekklokaliteter på Indre Østlandet. Som eksempler på større lokaliteter kan nevnes Lågendeltaet ved Lillehammer, Åkersvika ved Hamar og Nordre Øyeren. I tillegg kommer endel mindre områder, spesielt grunne innsjøer under eutrofiering, delta- og myrområder.

Disse lokalitetene kan ofte ikke måle seg med tilsvarende kystlokaliteter når det gjelder arts- og individantall på høsttrekket. De senere års undersøkelser viser likevel et overraskende stort utvalg av arter, og at betydningen av disse trekklokalitetene er stor er hevet over enhver tvil. Arbeid er da også satt igang – og i visse tilfeller sluttført – med å verne flere av lokalitetene.

Gråhegre *Ardea cinerea*, w. Grindertjernet, Grue i Hedmark, høsten 1970. Foto: Birger Nesholen.

Foreløpig er det imidlertid publisert relativt lite om forekomstene av vadere og brokkfugler på høsttrekk på Østlandet, og det som er publisert foreligger hovedsakelig på rapportform (eksempelvis Solheim 1973a, Opheim og Mejdell Larsen 1974, Skattum og Sønerud 1975, Nesholen et al. 1976, Vedum 1976, Sollien et al. 1977a, 1977b, Hagen og Helland-Hansen 1978).

Som et lite bidrag til kjennskapet om dette trekket presenteres her noen resultater fra Grue kommune i Sør-Hedmark, som i øst grenser mot Sverige.

METODER OG MATERIALE

Materialet er innsamlet ved observasjoner i tidsrommet 1969 – 1974 fra Rønnåsmyra, Gardsjøen, Grindertjernet, Heggertjernet og Namnsjøen. Biotopforholdene ved de tre førstnevnte områdene er tidligere beskrevet (Nesholen et al. 1976, Sollien et al. 1976, 1977a). De to sistnevnte er relativt ubetydelige i trekksammenheng sammenlignet med de tre første, og bare et fåtall observasjoner er gjort her. Gardsjøen og Rønnåsmyra er forøvrig nå fredet.

Resultatene bygger på 61 observasjonsdager, hvorav 51 er tilbragt ved Gardsjøen høsten 1972 og 1973. Hver måned fra juli til oktober er delt i to. En arts forekomst er definert ved at den er registrert som tilstede i f.eks. første halvdel av måneden hvis den er observert i løpet av månedens første 15 dager, uavhengig av individantall. I juli er det selvsagt for enkelte arter vanskelig å skille mellom individer på trekk og den lokale hekkebestand.

RESULTATER OG DISKUSJON

Fig. 1 viser forekomsten av 22 arter registrert på høsttrekk i kommunen. I tillegg til vade- og brokkfuglartene er trane og gråhegre inkludert i figuren. Artene er bare registrert med "forekomst" fordi individantallet i løpet av en høst ofte er så lite at det er umulig å lage kurver som viser topper i trekkintensiteten. Hos de artene hvor det forekommer "huller" i Fig.1 er det naturlig å anta at årsaken er mangel på observasjonsmateriale.

Tab.1 viser maksimalt antall observerte individer på én dag i Gardsjøen for 16 av artene. Selv om individantallet er relativt lite, kan det måle seg med det som registreres som dagmaksimum både i Lågendeltaet og Åkersvika for flere arter (Solheim 1973a, Opheim og Mejdell Larsen 1974, Vedum 1976, Hagen og Helland-Hansen 1978). Som dagmaksimum for trane fra Grue kan nevnes 58 ind. på Rønnåsmyra 19. august 1973 (Nesholen et al. 1976).

Foreløpig vites relativt lite om trekk og trekkveier på Indre Østlandet, men visse antagelser er gjort basert på kjennskapet til de største trekklokalitetene og de topografiske ledelinjene

Fig. 1. Forekomst av endel våtmarksfugler i Grue kommune på høsttrekk. Artene er ordnet etter i hvilken rekkefølge de forlater området.
Occurence of some shore-birds in Grue municipal in the autumn.

14

Tab. 1. Dagmaksimum for endel vadere og brokkfugler på høsttrekk observert ved Gardsjøen 1970 - 1974.
Dayly maximum for some shore-birds observed at Lake Gardsjøen in the autumn 1970 - 1974.

Art Species	antall number
Myrsnipe	69
Vipe	65
Brushane	56
Enkeltbekkasin	30
Heilo	16
Temmincksnipe	16
Dvergsnipe	15
Sandlo	15
Polarsnipe	8
Skogsnipe	7
Gluttsnipe	6
Strandsnipe	5
Grønnstilk	3
Sotsnipe	3
Kvartbekkasin	3
Tundralo	2

som står i forbindelse med disse (Solheim 1973b). Flere våtmarksområder i Hedmark er nå vernet. I forbindelse med våtmarksplanen er det utarbeidet en rekke rapporter med opplysninger om trekk hos våtmarksfugler, både når det gjelder forekomst og antall. Sett på bakgrunn av det utstrakte kjennskap som foreligger om våre kystlokaliteter i forbindelse med trekket, bør det legges større vekt på å kartlegge trekkets varighet og forløp også i innlandsområdene – både vår og høst – ved i første rekke å systematisere alle data som allerede foreligger. Undersøkelsene de senere år viser med all ønskelig tydelighet at det også i innlandet foregår trekk av betydelig størrelse og viktighet, både når det gjelder arts- og individantall på de forskjellige lokaliteter. Av hvor stor betydning dette trekket er har vi imidlertid meget begrenset kjennskap til.

Summary

OCCURENCE OF SOME SHORE-BIRDS IN THE AUTUMN IN EASTERN NORWAY.

The authors give a contribution to the knowledge about the occurence of some shore-birds in the autumn in the innermost of Eastern Norway. The results are descended from Grue municipal, Hedmark conuty, mainly from the eutrophic lake Gardsjøen in the years 1972 and 1973.

Litteratur:

Fylkesmannen i Hedmark. 1978. *Utkast til verneplan for våtmarksområder i Hedmark fylke.* Hamar. 68 s.
Hagen, T. og G. Helland-Hansen, 1978. Trekket i Åkersvika. *KornKråka 8 (4),* 59 - 62.
Nesholen, B., A. Sollien, og J.E. Fosseidengen, 1976. Fuglefaunaen på Rønnåsmyra i Hedmark. *Sterna 15,* 87 - 95.
Opheim, J. og B. Mejdell Larsen 1974. *Fuglelivet i Lågendeltaet.* Offset. 77 s.
Skattum, E. og G. Sonerud 1975. *Gjesåssjøen. Inventeringer i forbindelse med Miljøverndepartementets landsplan for verneverdige områder/forekomster.* Stensil. 18 s.
Solheim, R. 1973a. Flere sjeldenheter på vaderfronten i Akersvika. *Fjellvåken 3 (3),* 11.
Solheim, R. 1973b. Hvilke ruter benytter trekkfuglene i Norge? *Fjellvåken 3 (2),* 2 - 3.
Sollien, A., B. Nesholen og J. E. Fosseidengen 1976. *Fuglefaunaen i Grue.* Offset. 78 s.
Sollien, A., B. Nesholen og J. E. Fosseidengen 1977a. Fuglefaunaen ved Gardsjøen i Hedmark. *Sterna 16,* 269 - 279.
Sollien, A., J. E. Fosseidengen og B. Nesholen 1977b. Avifaunistiske observasjoner fra Hedmark. *Fauna 30,* 168 - 175.
Vedum, T. 1976. Gledelig stort høsttrekk i Åkersvika. *KornKråka 6 (3),* 5 - 6.

Forfatternes adresser:

A. Sollien, Kirkely, 1925 Blaker.
B. Nesholen, 2260 Kirkenær.
J.E. Fosseidengen. Akvakulturstasjonen, 5490 Storebø.

Arctic migrants rarely observed in the innermost of Norway were the Spotted redshank, the Bar-tailed godwit and the Red knot. There was no previously recorded observation of the Bar-tailed godwit during the autumn migration from the inner areas of Eastern Norway.

Spotted redshank in winter plumage.

Bar-tailed Godwit - the first registered observation in the inner parts of Norway by Tore Sætre at Gardsjøen lake September 2nd, 1972.

Red knot – only discovered twice in the inner parts of Norway before it was seen at Gardsjøen lake and Grinder pond in 1970 and 1971.

Aspects of the breeding biology of the Three-toed woodpecker Picoides tridactylus.

Published in FAUNA, the quarterly periodical of the Norwegian Zoological Society, in 1982.

After a break of five years focusing on other subjects like the Goshawk, I finally returned to publishing the remaining material about the Three-toed woodpeckers. The first article was about the time from the nest was ready excavated to the nestlings were hatched.

The tower camouflage mounted just a few feet from the nest opening with auxiliary light for photography from a mirror reflecting the sunlight and a tape recorder to record the sounds uttered by the birds. Asbjørn (left), Berit Edsberg (with back to the camera) and Jørn Sæthern.

Asbjørn is calibrating the scales at the tower camouflage, with Berit Edsberg watching.

Trekk fra tretåspettens hekkebiologi

ASBJØRN SOLLIEN, BIRGER NESHOLEN OG JAN ERIK FOSSEIDENGEN

Sollien. A., Nesholen, B. & Fosseidengen, J.E. 1982. Aspects of the breeding biology of the three-toed woodpecker *Picoides tridactylus*. *Fauna 35*, 121—124.

The authors describe the breeding of the three-toed woodpecker in Grue municipality, E. Norway, during the period May—June 1972. The material covers the egg laying, egg incubation and hatching.

Territorial conflicts were seen between the three-toed woodpecker and a male pied flycatcher *Ficedula hypoleuca*, but neither of the species seemed to be superior.

The loss of weight of the 4 eggs throughout the breeding period varied between 13% and 19%, a mean of 1.5% pr. egg pr. day.

The adults seemed to be more anxious towards egg hatching, and uttered warning calls for the first time in the 26 days since the work on the nest-hole started.

The daily breeding seemed to be separated between the sexes into four parts, with the male doing most of the incubating, also staying overnight.

The incubation period was about 10 1/2 days. The fourth egg was hatched one day after the others, possibly because the male seemed to start actual incubation when only three eggs had been laid.

Asbjørn Sollien. — Kirkely, N-1925 Blaker. Birger Nesholen. — N-2260 Kirkenær. Jan Erik Fosseidengen. — Akvakulturstasjonen, N-5490 Storebø.

Tretåspettens forplantningsbiologi er lite undersøkt i Norge. Få artikler foreligger fra hekketida (Hogstad 1969, 1976, Wabakken 1973). Denne artikkelen belyser hittil lite kjente trekk ved artens biologi, nemlig egglegging, ruging og klekking, og er basert på observasjoner fra et reir i Grue i Hedmark 1972. Tidligere er uthakkinga av reirhullet og de territoriale forhold mellom de to kjønn ved næringssøk beskrevet fra samme reir (Sollien et al. 1978, 1982).

METODER OG MATERIALE

Observasjonene ble foretatt med 7 x 50 og 8 x 40 kikkerter fra et kamuflasjetelt 11 m fra reirtreet. Fra 24. mai, mens uthakkinga av reirhullet ennå pågikk, begynte vi å sitte fullt synlig utenfor kamuflasjen uten at tretåspettene reagerte nevneverdig. Utover i resten av forplantningstida neglisjerte de oss tilsynelatende totalt. For å kontrollere om spettene hadde vært på reiret i vårt fravær plasserte vi to gress-strå på kryss i flyvehullet. Utviklingen i reirhullet under egglegging, ruging og klekking kunne følges ved at forveggen ble saget ut med stikksag 27. mai.

Eggene ble hver dag i rugetida veid med skålvekt med nøyaktighet ned til 1 mg.

Artikkelen bygger på observasjoner under 96 1/2 times opphold ved reiret og 8 timer og 15 min. ute i terrenget i tida 29. mai—12. juni (Fig. 1).

RESULTATER

Territorial atferd

I eggleggingsperioden hevdet tretåspettene revir meget sterkt ved tromming. Begge kjønn trommet også i rugeperioden, som startet 1. juni men relativt lite hyppig (mindre enn 10 virvler pr. dag registrert 2., 3., 5. og 10. juni). Selvom paret tidligere hadde trommet ved reirforstyr-

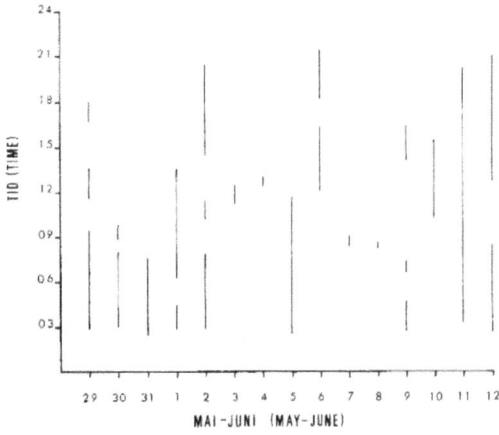

Figur. 1. Observasjontimer i eggleggings-, ruge- og klekkeperioden.
Hours of observations during the period of egg-laying, incubating and hatching.

relse, opphørte dette i rugeperioden. Ved veiing av egg 9. juni hørtes derimot for første gang under hele hekkinga varsellyden, «blypp», ca. 70 ganger.

Under kontakt med flaggspett, som hekket ca. 100 m unna, var tretåspettene tilsynelatende nøytrale, eller muligens underlegne. En av flaggspettene trommet i toppen av tretåspettenes reirtre med hunnen som tilskuer, uten at hun reagerte. Under uthakkinga av reiret var tretåspettene imidlertid åpenbart underlegne (Sollien et al. 1978).

Det ble også observert minst 5 konfrontasjoner i eggleggings- og rugeperioden mellom tretåspettene og en svarthvit fluesnapper hann som sannsynligvis hadde reirhull i samme tre. I samtlige tilfelle var det den svarthvite fluesnapperen som innledet konfliktene, men utfallet varierte, og ingen av artene viste seg tydelig overlegen den andre. Ved ett av tilfellene, da observasjonene tydet på at tretåspetthannen jaget svarthvit fluesnapperhannen ut av tretåspettenes reirhull, viste førstnevnte en trusselpositur som lignet en positur vist av Ruge (1968). Denne er beskrevet som en overgang mellom «Kopfpendeln» (Billwaving dance (Noble 1936)) og «Drohen» (imponeringsatferd). Denne posituren vises mot rivaler, eller noe spetten oppfatter som en rival, og kan gå over i kamphandlinger. I vårt tilfelle jaget tretåspetthannen svarthvit fluesnapperhannen ved å hoppe oppover reirtreet mens den flakset sakte med vingene utspredt bakover ryggen. Under opptrinnet var tretåspetten taus.

Etter 11. juni — rugeperiodens slutt — syntes konfrontasjonene mellom de to artene å opphøre.

Eggene

Kullet besto av 4 egg, som nylagt veide:4,63 g (1 døgn gammelt), 4,62 g, 4,48 g og 4,30 g. Samtlige vekter ligger under det som er oppgitt for 3 nylagte egg fra Sveits, 4,9—5,4 gram (Ruge 1974). Nylagte var eggene hvite, glinsende porselensaktige og gjennomskinnelige. Skallet var dekket av lysere striper med mørke striper parallellt på hver side, på kryss og tvers (Fig. 2). Stripene forsvant gradvis under ruging, og sterkt rugede egg var matt melkehvite, ugjennomskinnelige, med rester av stripemønsteret i den butte enda.

Utover i rugeperioden økte størrelsen på luftblæra i eggenes butte ende, og pergamenthinnas feste innvendig trådte fram som en mørk ring. Om ettermiddagen 10. juni, dvs. samme dag som de tre første egg antagelig ble klekt, forsvant denne ringen på samtlige egg.

Figur 2. Tretåspett-egg. Stripemønsteret forsvinner utover i rugeperioden.
Egg of three-toed woodpecker. The stripes disappear during the incubation.

Eggenes vekttap i rugeperioden er vist i Fig. 3. Vekta på nr. 1 i nylagt tilstand (i parentes) er

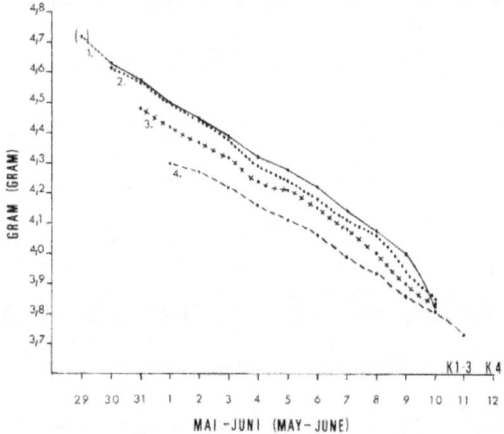

Figur 3. Eggenes vekttap i rugeperioden. Vekt hos nr. 1 er sannsynlighetsberegnet for første dag (se tekst). K 1—4 angir dagene de respektive egg ble funnet klekt.
The loss of weight for the eggs during the incubation period. K 1—4 indicates the dates eggs 1—4 was found hatched.

sannsynlighetsberegnet på grunnlag av de tolv senere veiinger av dette egget i rugeperioden. Totalt vekttap pr. egg var mellom ca. 0,6 og ca. 0,9 gram, og utgjorde mellom 13 og 19% av hvert av eggenes vekt i nylagt tilstand. Dette innebærer et gjennomsnittlig vekttap pr. egg pr. døgn på ca. 1,5%.

Rugetid

Det tok 3 dager fra reirhullet var ferdig uthakket til første egg ble lagt. Dette stemmer bra overens med det som er funnet hos hvitryggspett under norske forhold, 3—7 dager (Bringeland og Fjære 1981). Rugeperioden ble antagelig innledet av hannen på tredje egg 31. mai (Sollien et al. 1978). 5. juni kunne fostrene tydelig skimtes inne i eggene. I egg nr. 1 og 2 utgjorde fosteret tilsynelatende ca. halvparten av egget, mens fosteret i egg nr. 4 var betydelig mindre. At egg nr. 4 tilsynelatende var mindre ruget enn nr. 1 og 2 kunne også sees ved at stripemønsteret på midten av de to første var borte, mens det på det siste fremdeles var tydelig.

Fram mot klekketidspunktet ble motiveringen for å ruge tilsynelatende sterkere. Den rugende spetten ble vanskeligere å få ut av reiret når eggene skulle veies, og den fløy ofte inn og oppholdt seg i reiret sammen med 2 egg når vi hadde de to andre ute, selvom vi sto bare 1—2 m unna reirtreet.

Som nevnt varslet den også sterkt 9. juni, for første gang under hele hekkinga, og hadde en gnissende lyd nede i reiret før den kom ut (hannen). Det er naturlig å anta at opphisselsen skyldtes at den merket aktivitet inne i ett eller flere av eggene. Ruge (1971) iakttok at de adulte fuglene var tydelig opphisset på klekkingsdagen, og dessuten trommet hyppigere enn vanlig. Han antok at denne opphisselsen skyldtes kontakt mellom de adulte fuglene og ungene som holdt på å bli klekt. Vi konstaterte imidlertid ingen økt intensitet i tromming fram mot klekking.

Dette tretåspettparet var påfallende taust under første del av hekkinga. Vi hørte ikke et eneste varselrop under de første 26 dager.

Rugeskift

Våre observasjoner tyder på at tretåspettene delte døgnet i 4 rugeskift, med 4 avløsninger (Fig. 4). Ruge (1971) oppgir 5—6 avløsninger pr. døgn. Bare hannen ble observert overnattende i rugetida (konstatert alle netter unntatt to), noe som stemmer overens med det som er funnet av Ruge (1971). En antatt, omtrentlig deling av

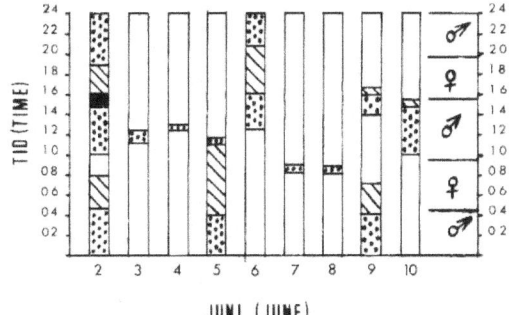

JUNI (JUNE)

Figur 4. Registrerte rugeskift (skråstreker = ♀, punkter = ♂). Fylt søyle: Ingen fugl på reiret. Åpen søyle: Ingen observatør tilstede. Til høyre er angitt en antatt, omtrentlig deling av døgnet mellom de to kjønn.
Breeding shifts (hatching = ♀, dots = ♂). Black column: No bird in the nest-hole. Open column: No observation made. On the right an approximate partition of the day between the to sexes is indicated.

døgnet mellom de to kjønn indikerer at hannen hadde hovedansvaret ved ruginga, selvom forskjellen synes liten (Fig. 4). Ruge (1971) påviste en rugefordeling som var omtrent lik mellom han og hun.

Rugeskiftene vi registrerte varierte mellom 186 min. og 7 timer. Ruge (1971) registrerte rugeskift på mellom 87 min. og 5 t 21 min. Rugeskiftene hos tretåspett synes å være relativt lange i forhold til hos andre spettearter. Mens flaggspett sjelden har rugeskift på over 60 min., kan hvitryggspetten ha på opptil 4 1/2 time (Haftorn 1971).

Den rugende fuglen var flere ganger oppe i flyvehullet i løpet av et rugeskift, og satt i opptil 1 1/2 min. Dette skjedde både ved forstyrrelse (støy etc.) og uten at vi kunne finne påviselig grunn.

Avløsning

Ti rugeavløsninger ble iakttatt, og alle fulgte mønsteret for mer enn 200 avløsninger beskrevet av Ruge (1971). I ett tilfelle ble det observert at hannen, som den avløste fugl, hogg etter hunnen som kom inn for å avløse.

Klekking

10. juni kl. 1300 hadde egg nr. 1 og 2 et lite hull ved sida av den mørke ringen i eggenes butte ende (hullet på sida som vendte mot spissenden). Hullene ble gradvis utvidet til kl. 1520, da observatøren forlot reiret. Egg nr. 3 og 4 var da fremdeles hele.

11. juni kl. 0345 var de tre første eggene klekt. En av ungene var tydelig svakere enn de andre. Ungenes lyd kan beskrives som gjentatte «tjirrr!». Kl. 1350 begynte det å tegne seg en blodfarget flekk på egg nr. 4, på samme sted som nr. 1 og 2 hadde hull dagen før. Kl. 1950 hadde egget et hull på ca. 3 x 4 mm, og 12. juni kl. 0320 var det klekt da vi ankom. Ungen fra dette egget var tydelig mindre enn de tre andre.

Rugetida, som iflg. Haftorn (1971) er ukjent, var ca. 10 1/2 døgn. Rugetida er da definert lik tidsrummet mellom siste egg er lagt og siste egg er klekt (Haftorn 1966).

Klekkeperioden er definert lik tidsrummet mellom første og siste egg er klekt (Haftorn 1966). Dette kan være vanskelig å fastslå for det undersøkte kullet, men 19–20 timer virker sannsynlig. I såfall kan klekkeperioden være noe lengre enn hos hvitryggspett, 14–17 timer (Bringeland & Fjære 1981).

Det kan heller ikke fastslås med sikkerhet hvor lang tid som forløp fra klekkebrist oppsto til et egg var klekt, men observasjonene indikerer minimum 6 timer. I såfall er dette noe lengre enn for hvitryggspett, 3–5 timer (Bringeland & Fjære 1981).

Skall fra de tre først klekte egg ble observert i reiret 11. juni kl. 0705, dvs. på antatt klekkingsdag for egg nr. 4. De forsvant så sporløst, på tross av leting i nærheten av reirtreet. Ruge (1971) observerte imidlertid at skallene ble tilfeldig fjernet under transport av ekskrementer senere.

Vi vil gjerne få rette en takk til Berit Edsberg, Tore Sætre og Jørn Sæthern for hjelp med feltarbeidet, og til Olav Hogstad for kritikk av manuskriptet.

LITTERATUR

Bringeland, R. & Fjære, T. 1981. Trekk fra hekkebiologien hos hvitryggspett *Dendrocopos leucotos* i Norge. *Faun. norv. Ser. C. Cinclus 4*, 40–46.

Haftorn, S. 1966. Egglegging og ruging hos meiser basert på temperaturmålinger og direkte iakttagelser. *Sterna 7*, 49–102.

Haftorn, S. 1971. *Norges fugler*. Universitetsforlaget, Oslo.

Hogstad, O. 1969. Observasjoner ved et tretåspettreir. *Sterna 8*, 387–389.

Hogstad, O. 1976. Interseksuell deling av forplantningsterritoriet hos tretåspett. *Sterna 15*, 5–10.

Noble, G.K. 1936. Courtship and sexual selection of the Flicker *(Colaptes auratus luteus)*. *Auk 53*, 269–282.

Ruge, K. 1968. Zur Biologie des Dreizehenspechts *Picoides tridactylus* L. *Der Orn. Beob. 65*, 109–124.

Ruge, K. 1971. Zur Biologie des Dreizehenspechtes *Picoides tridactylus* L. *Der Orn. Beob. 68*, 256–271.

Ruge, K. 1974. Zur Biologie des Dreizehenspechtes *Picoides tridactylus*. *Der Orn. Beob. 71*, 303–311.

Sollien, A., Nesholen, B. & Fosseidengen, J.E. 1978. Observasjoner ved et reir av tretåspett *Picoides tridactylus*. *Cinclus 1*, 58–64.

Sollien, A., Nesholen, B. and Fosseidengen, J.E. 1982. Horizontal partition of the breeding territory of the Three-toed Woodpecker *Picoides tridactylus*. *Faun. norv. Ser. C, Cinclus 5*. (in press).

Wabakken, P. 1973. Observasjoner fra gråspett- og tretåspettreir. *Fauna 26*, 1–6.

Woodpecker's eye view of Birger at the camouflage.

Six new discoveries were made and described during this part of the nesting period, all new information previously not found in the literature: *When the birds started staying in the nest overnight, which one of the sexes apparently started the incubation of the eggs, their participation in the incubation, the length of the shifts, the length of the incubation period, and the length of the hatching period.*

The Three-toed woodpecker was a subject for research also during the winter. Jan Erik (bottom) and Asbjørn – without access to a ladder – are collecting data on a specific feeding technique called "ringing".

The nestling period at a nest of Three-toed woodpecker.

Published in Vår fuglefauna, the quarterly periodical of the Norwegian Ornithological Society, in 1982.

While the second period of the nesting had been characterized by quiet times at the camouflage, as one of the birds spent hours upon hours warming the eggs while the other one was absent, the nestling period became a flurry of activity and we were writing notes as fast as our hands could fly. The four juveniles needed food, they needed it fast – and they needed a lot of it. After five days they were suddenly three. The smallest one, which had shown lack of size and strength from birth, was apparently dead. From the tenth day the juveniles were tagged individually to be recognized, and we checked their weight every day, a feat possible because we had made the front wall removable.

Asbjørn weighing one of the juveniles.

Ungeperioden i et reir av tretåspett

ASBJØRN SOLLIEN, BIRGER NESHOLEN OG JAN ERIK FOSSEIDENGEN

Det er gjort relativt få undersøkelser av tretåspettens *Picoides tridactylus* hekkebiologi i Norge (Hogstad 1969, 1976, Wabakken 1973). Denne artikkelen tar for seg ungeperioden ved et reir i Grue i Hedmark i 1972. Deler av hekkebiologien er tidligere beskrevet fra samme reir (Sollien et al. 1978, 1982a). Det er også foretatt en analyse av de territoriale forhold mellom hann og hunn under næringssøk (Sollien et al. 1982b).

METODER OG MATERIALE

Observasjonene er foretatt fra to kamuflasjetelt 11 m og 1,5 m fra reiret. Ungene ble individmerket på 10. ungedag og videre i perioden veid med skålvekt med nøyaktighet ned til 1 mg. Foreldrenes perioder borte fra reiret under foring ble tidfestet med en maksimal feilmargin på ± ½ min. Periodene på reiret ble målt med stoppeklokke.

Artikkelen bygger på observasjoner i 128 t ved reiret og 3 t og 15 min. ute i terrenget i tida 11. juni–2. juli (Fig. 1).

RESULTATER

Territorial adferd. Ved ett tilfelle ble en flaggspett hann som hekket ca. 100 m unna observert like ved flyvehullet. Tretåspetthannen, som befant seg på reirtreet med mat i nebbet, virket tydelig underlegen og flyttet seg på motsatt side av stammen. Også tidligere i forplantningstida virket tretåspettene underlegne flaggspettene (Sollien et al. 1978, 1982a).

De voksne tretåspettene syntes å ha en horisontal deling av forplantningsterritoriet ved næringssøk (Sollien et al. 1982b). Dette er i tråd med det som tidligere er funnet både hos tretåspett og flere andre spettearter (Ruge 1968, Wabakken 1973, Hogstad 1976, Stenberg 1978).

Ungeperioden. Ungenes antall var opprinnelig 4, men den minste forsvant etter 5 dager, antagelig kastet ut av foreldrene etter en tidlig død. Ungepe-

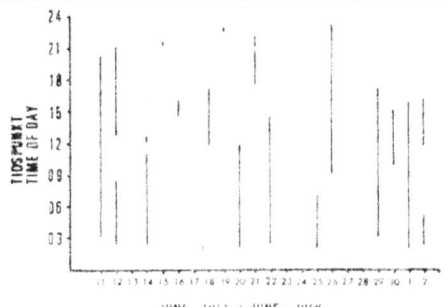

JUNI- JULI / JUNE - JULY

Fig. 1. Observasjonstimer i ungeperioden.
Hours of observation during the nestling period.

rioden har vi definert som den tid som forløp fra de tre første ungene ble funnet klekt (morgen 11. juni) til siste unge fløy ut (ettermiddag 2. juli). Ungetida, som iflg. Haftorn (1971) er ukjent, blir da ca. 21½ døgn. Ruge (1971) fant ved undersøkelser i Sveits 22–26 døgn. Ungenes utvikling er sammenlignet med det som ble funnet i disse undersøkelsene (Tab. 1).

Dagaktivitet. Tidligst registrerte foring skjedde kl. 02.44 (hunn 15. ungedag), mens seneste start på foringa var kl. 04.50 (hann dagen før siste unge fløy ut). Seneste kveldsforing for hunn var kl. 19.41 (11. ungedag), mens seneste kveldsforing overhodet ble registrert kl. 20.26 (hann 11. ungedag, muligens noe forsinket som følge av forstyrrelser).

Hannen overnattet i reiret til 16. (15.?) ungedag. Fra 10. dag begynte ungene flere ganger å gi lyd fra seg i over en hav time før hannen forlot reiret. Først på 13. dag forlot hannen reiret om morgenen *før* hunnen hadde ankommet.

Ungevarming, foringsfrekvens og -teknikk. Ungevarming foregikk som beskrevet av Ruge (1971) nesten pauseløst

de første 4 dager, hvoretter den foregikk mer tilfeldig. På 1., 2. og 4. ungedag syntes hunnen å varme mest (1608 min. varming fordelte seg med 714 for hann, 894 for hunn). Den tilfeldige varminga etter 4. dag ble foretatt av hannen, som sluttet med dette etter 12. dag. Avløsning mellom hann og hunn foregikk som ved ruging (Ruge 1971).

Tab. 1. Ungenes utvikling ved reiret i Grue i 1972 sammenlignet med data oppgitt av Ruge (1971).
Development of the nestlings compared with data from Ruge (1971).

Ungeutvikling	Ruge (1971)	Ungedag Grue 1972
Fjærfeltene tydelig pigmentert	6.*	5.
Ørene åpnes	6.-8.	
Fjær bryter ut	8.	ca. 7.
Øynene åpnes	8.-10.	9.
Fjær ut av hornskjede	10.	10.
Klatrer opp mot flyvehullet	13.-14.	12.
Hodefelt tydelig gult	13.-14.	12.
«Corridor-teeding»	16.	10.
Varmes ikke lenger av hann om natta f.o.m.	18.	16.(15.?)
Virker fullfjæret	17.-19.	16.
Langt ut av hull under foring	17.-19.	19.
Tar maten aktivt ut av foreldrenes nebb	23.	15.

* = Ruge (1971) startet sine undersøkelser først på 6. dag.

170

Foringsfrekvens i forhold til ungenes vektutvikling er vist i Fig. 2. Frekvensen steg fra 1,6 ganger/time 1. ungedag til 5,8 g/t 8. dag. Den holdt seg så jevnt høy til 19. dag; 4,2–6,4 g/t, med maksimum på 12. dag. Dette mønsteret tilsvarer omtrent det som ble funnet av Ruge (1971), men med lengre periode med høy frekvens. Liksom hos Ruge (1971) foret hannen overraskende hyppig på utfluktsdagen, 3,1 g/t mot bare 1,8 g/t dagen før.

Ruge (1971) hevder at daglige maksima i foringa ikke har vært mulig å påvise. Fig. 3. viser foringsfrekvensen ved 3 reir undersøkt i Norge henholdsvis 8–9, 2, 12 og 10 døgn før utflukt (etter Hogstad 1969, Wabakken 1973, og vår undersøkelse. Frekvenskurvene etter modell av Bringeland og Fjære

1981). Kurvene fra Hogstads (1969) og Wabakkens (1973) undersøkelser viser tydelige tendenser til 3 foringsmaksima. Resultatene fra vår undersøkelse indikerer iallfall 2 maksima i løpet av de første 8–11 timer foringa pågikk. 3 foringsmaksima pr. dag er tidligere påvist hos hvitryggspett *Dendrocopos leucotos* 6 og 3 døgn for utflukt (Bringeland og Fjære 1981).

Iflg. Lanz (1950) og Ruge (1971) faller hunnens andel i toringa sterkt av mot slutten av ungeperioden. I 4 av 5 tilfeller foret ikke hunnen i sluttfasen. Hogstads (1969) undersøkelse av et reir

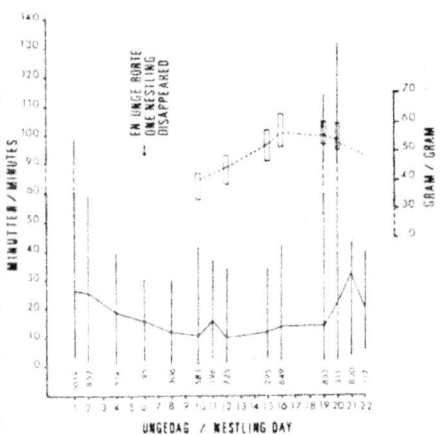

Fig. 2. Foringsfrekvens i forhold til ungenes vektutvikling. Frekvensen er angitt som gjennomsnittstid mellom hver foring, vertikale streker viser variasjonsområdet. Under vertikalstrekene er antall observasjonsminutter oppgitt. Vektkurven viser gjennomsnittsvekt for 3 unger, vertikale søvler er variasjonsområdet. Prikket del av kurven gjelder bare sist utfløyne unge.

Feeding frequency in relation to weight development. Frequency is given as the mean time between each feeding visit, vertical lines give the variation. The weight-curve shows the mean weight of three nestlings, the columns give the variation. Dotted line is the last nestling only.

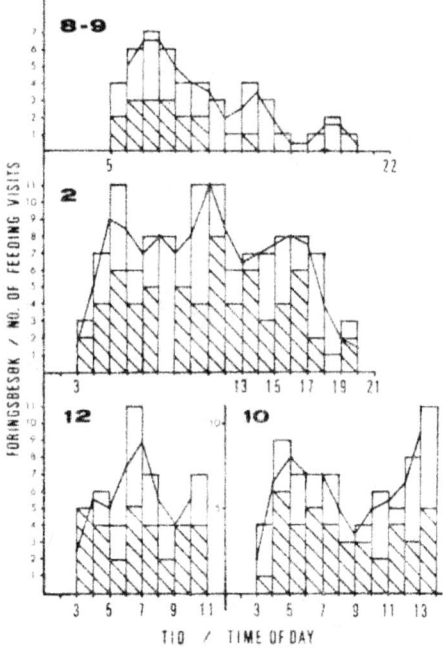

Fig. 3. Foringsfrekvens ved 3 tretåspettreir 8–9, 2, 12 og 10 døgn før utflukt. Søvlene viser antall foringer pr. time for de to kjønn, skravert = hunn, hvitt = hann. Kurven viser bevegelig gjennomsnitt over to og tu timer.

Feeding frequency at three nests of Three-toed Woodpecker 8–9, 2, 12 and 10 days before leaving the nest. Hatched = female, open column = male. The curves show the running means for consecutive 2 hour periods.

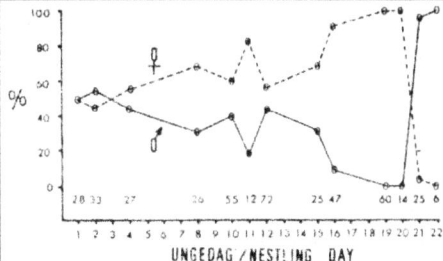

UNGEDAG / NESTLING DAY

Fig. 4. Prosentvis fordeling av foringene mellom hann og hunn. Ved hver observasjonsdag er totalt antall foringer oppgitt.
The number of feeding visits by the male (line) and female (broken line) as percentages throughout the nestling period. Under the curves number of feeding visits are given.

8–9 døgn før utflukt viste at hannen sto for ⅔ av foringa. Wabakken (1973) fant imidlertid at hannen 2 døgn før utflukt bare sto for 45% av foringene.

Fig. 4 viser fordelingene mellom hann og hunn ved reiret i Grue. Hannens andel falt av fra 2. ungedag, og sank til null på 19. dag. En medvirkende årsak til at den falt til null kan være at hannen ble ringmerket 16. dag, og den ble tydelig skremt (holdt seg borte fra reiret i ca. 7 timer). Ruge (1971) fanget hunnen på 17. ungedag, og resultatet var at den sluttet å fore.

På 10. ungedag ble de første uteforinger registrert (corridor-feeding, se Lawrence 1967). Som hos Ruge (1971) foret de voksne ikke nede i reiret etter 16. dag. Hunnen ble nesten alltid sittende noen sekunder på flyvehullet etter foring, som for å kontrollere reirets umiddelbare nærhet.

På 12. ungedag begynte de voksne å «bikke» overkroppen i korte nikk inn i flyvehullet når de ankom med mat. Dette hadde tilsynelatende som funksjon å lokke ungene opp i hullet, da simulering v.hj.a. en finger – eller å mørkelegge reirhullet med hånda – utløste denne reaksjon hos ungene. Samme dag konstaterte vi at de

voksne kunne fore i flere porsjoner pr. mating, noe som også ble påvist av Wabakken (1973). Vi registrerte maksimalt 6 porsjoner (hannen 21. dag), men 1–3 porsjoner var vanligst.

På 19. ungedag var det tydelig at de voksne forsøkte å lokke ungene ut v.hj.a. «tomgangsforing» (Leerfütterungen, se Ruge 1971). Den voksne fuglen lot som om den hadde mer mat etter foring, men idet ungen strakk seg etter denne flyttet den voksne seg, eller fløy til et nærstående tre.

Vedrørende reirhygiene så ble transport av ekskrementer registrert fra 2. ungedag.

Interseksuelle forhold. Hvis de to voksne fuglene ankom til reiret samtidig, eller hunnen forsøkte å komme inn mens hannen allerede var der, reagerte sistnevnte med å hogge etter henne. Hunnen kunne unngå konfrontasjoner ved tydelig å unnvike hannen, men i enkelte tilfeller hendte det også at de var sammen nede i reirhullet i flere minutter.

Utflukt. Første unge fløy ut kl. 10.45 20. ungedag. Hunnen fulgte denne vekk fra reiret etter å ha foret de gjenværende noen få ganger. Samtidig dukket hannen opp, for første gang registrert siden 16. dag, og fortsatte å fore de gjenværende ungene alene. Nummer to ble konstatert ute kl. 12.35 22 dag, og hannen fulgte denne. Den tredje fløy ut på egen hånd kl. 14.25, ca. 52 timer etter førstemann. Verken første eller siste unge ble lokket ut av foreldrene, men den første fløy muligens ut p.g.a. forstyrrelse. Denne klatret til topps i et nærstående grantre og satt der med et og annet tiggerop iallfall de første 4 timene. Unge nr. 2 ble funnet i et nærstående tre få minutter etter at det var konstatert at den var ute av reiret.

Ca. 10. juni ble to tretåspetter observert sammen bare 5–600 m NØ for reirtreet. 3. august ble en ringmerket tretåspett sett spisende ca. 1,5 km nord for hekkeplassen. Det er god grunn til å anta at dette enten var hannen eller en av de tre ungene. Bürkli et al. (1975) opplyser at i likhet med grønnspett *Picus viridis* og svartspett *Dryocopus martius*, men i motsetning til *Dendrocopos* – artene har tretåspetten en lang omsorgstid for ungene etter utflukt, i ett tilfelle minst 33 dager. På 33. dag etter utflukt ble hannen og en av ungene iakttatt bare ca. 100 m fra reiret.

Lydytringer. Ruge (1975) hevder at selv om spettenes lydrepertoar i alminnelighet består av få lyder, virker tretåspettens spesielt lite. Sammenlignes de forskjellige lydytringer vi registrerte hos denne spettefamilien med denne fuglegruppens lydrepertoar oppgitt av Haftorn (1971) synes derimot tretåspettens repertoar å være et av de største.

Lyder hos fugl er vanskelig eller umulig å gjengi på ordform. Vi skal her likevel gjøre et forsøk. Fra fødselen ytret ungene gjentatte «tjirr!» (Sollien et al. 1982a). På 15. ungedag gikk lyden over til et sammenhengende «pepepepepe....» eller «pipipipipi...» som økte i intensitet og på 19. dag lød uavbrutt gjennom hele dagen. 20. dag forekom enkelte «kikk!», en spedere utgave av de voksnes «blypp!» (Haftorn 1971). Denne og de påfølgende dager var ungene påfallende tause, særlig mellom foringene, og tigget støtvis med alle de tre beskrevne lyder om hverandre. Denne utviklingen følger mønsteret beskrevet av Ruge (1971).

Ved foring f.eks. på 19. dag hørtes en tydelig volum- og frekvensforandring i tiggelyden da de voksne slo inn på reirtreet. Lyden steg i volum og sank i frekvens; «peeeee – peeeee – peeeee.......».

Ved risting i reirtreet utstøtte ungene en lyd som antagelig uttrykte redsel; et gjentatt, knirkende «kiiiii!». Angstskrik ble bare hørt ved to anledninger, ved veiing av en av ungene, og ved ringmerking av hannen, gjentatte «skriiiiæk!».

En av ungene utstøtte et langtrukkent «pyrrrrrrr!» fra det øyeblikk den forlot reirhullet under utflukt og til den landet på et tre ca. 20 m unna. Deretter gikk den øyeblikkelig over til «kikk!» – lyden. Etter utflukt ytret ingen av ungene andre lyder enn denne.

De voksne hadde i tillegg til det beskrevne varselrop (Haftorn 1971) et sammenhengende «tjekk-tjekktjekk......» under parring (Sollien et al. 1978). Dessuten hadde den avsløsende fugl under perioden med ungevarming et gnissende «kjee - kjee - kjee.....» tydeligvis for å gi til kjenne at den hadde ankommet. Denne lyden hørtes også når de voksne var sammen ute, og tilsvarer antagelig skurrelyden beskrevet av Haftorn (1971). I to tilfeller hadde hunnet et langtrukkent «kvivivivivivivivivi» i flukt.

TAKK

Vi vil gjerne få rette en takk til Berit Edsberg, Tore Sætre og Jørn Sæthern for all hjelp under feltarbeidet. En takk også til Olav Hogstad, Yngve Espmark og Svein Haftorn for gjennomlesing av manuskriptet.

Litteratur:

Bringeland, R. & Fjære, T. 1981. Trekk fra hekkebiologien hos hvitryggspett *Dendrocopos leucotos* i Norge. Faun. norv. Ser. C, Cinclus 4, 40–46.
Bürkli, W., Juon, M. und Ruge, K. 1975. Zur Biologie des Dreizehenspechtes *Picoides tridactylus*. Orn. Beob. 72, 23–28.

Haftorn, S. 1971. *Norges fugler*. Universitets-
forlaget, Oslo.
Hogstad, O. 1969. Observasjoner ved et treta-
spettreir. *Sterna* 8. 387–389.
Hogstad, O. 1976. Interseksuell deling av for-
plantningsterritoriet hos tretaspett. *Sterna*
15, 5–10.
Lanz, H. 1950. Vom Dreizehenspecht *Picoides
tridactylus alpinus* Brehm und seinem Brut-
leben. *Orn. Beob.* 47, 137–141.
Lawrence, L. de K. 1967. A comparitive life-
history study of four species of Woodpec-
kers. *Orn. Monographs 5*. American Ornit-
hologists Union.
Ruge, K. 1968. Zur Biologie des Dreizehens-
pechts *Picoides tridactylus* L. *Orn. Beob.* 65,
109–124.
Ruge, K. 1971. Zur Biologie des Dreizehens-
pechtes *Picoides tridactylus* L. *Orn. Beob.*
68, 256–271.
Ruge, K. 1975. Die Lautausserungen adulter
Dreizehenspechte *Picoides tridactylus* und
ihre Bedeutung bei der Beurteilung der syste-
matischen Stellung von *Picoides*. *Orn. Beob.*
72, 75–82.
Sollien, A., Nesholen, B. & Fosseidengen, J. E.
1978. Observasjoner ved et reir av tretaspett
Picoides tridactylus. *Cinclus 1*, 58–64.
Sollien, A., Nesholen, B. & Fosseidengen, J. E.
1982a. Trekk fra tretaspettens hekkebiologi.
Fauna 35 (in press).
Sollien, A., Nesholen, B. and Fosseidengen, J.
E. 1982b. Horizontal partition of the breed-
ing territory of the Three-toed Woodpecker
Picoides tridactylus. *Faun. norv. Ser. C,
Cinclus 5* in press).

Stenberg, I. 1978. Trekk fra grønnspettens hek-
kebiologi. *Vår Fuglefauna 1*, 152–158.
Wabakken, P. 1973. Observasjoner fra gråspett-
og tretaspettreir. *Fauna 26*, 1–6.

Summary:

THE NESTLING PERIOD AT A NEST OF
THREE-TOED WOODPECKER

The nestling period at a nest of Three-toed
Woodpecker *Picoides tridactylus* is described
from Grue, Hedmark county, E. Norcay in
1972. The paper deals with daily activity, warm-
ing of the nestlings by the parents, feeding
frequency and -techniques and to what extent
both parents took part in the different kinds of
work.

The development of the nestlings is compared
with previous reports on this subject from
Switzerland (Ruge 1971), and how the nestlings
left the nest is also described. The nestling period
was ca. 21.5 days, and ca. 52 hours passed from
the fledging of the first nestling to that of the
third.

Some territorial relations are mentioned, and
all the sounds made by both parents and nest-
lings throughout the breeding period are listed.

Forfatternes adresser:

A. Sollien, Kirkelv, N-1925 Blaker.
B. Nesholen, N-2260 Kirkenær.
J. E. Fosseidengen, Akvakulturstasjonen, N-
5490 Storebø.

During this period we followed the adults in the field to study their feeding techniques, at the same time keeping contact with the man at the nest via walkie-talkie. No cell phones in 1972!

Three new discoveries were made and described during this period: *The feeding frequency related to the juveniles' rate of growth, the length of the nestling period and the strategy while leaving the nest. In addition we described ten different sounds registered both in the adults and the juveniles.*

That makes a total of **13 totally new aspects** of the Three-toed Wood-pecker's breeding biology – and several new sounds - discovered and described for the first time during the 52 days the nesting lasted.

Birger and Asbjørn with a walkie-talkie. There were no pocket size mobile phones in 1972.

Asbjørn is removing "leftovers" from the nest for identification.

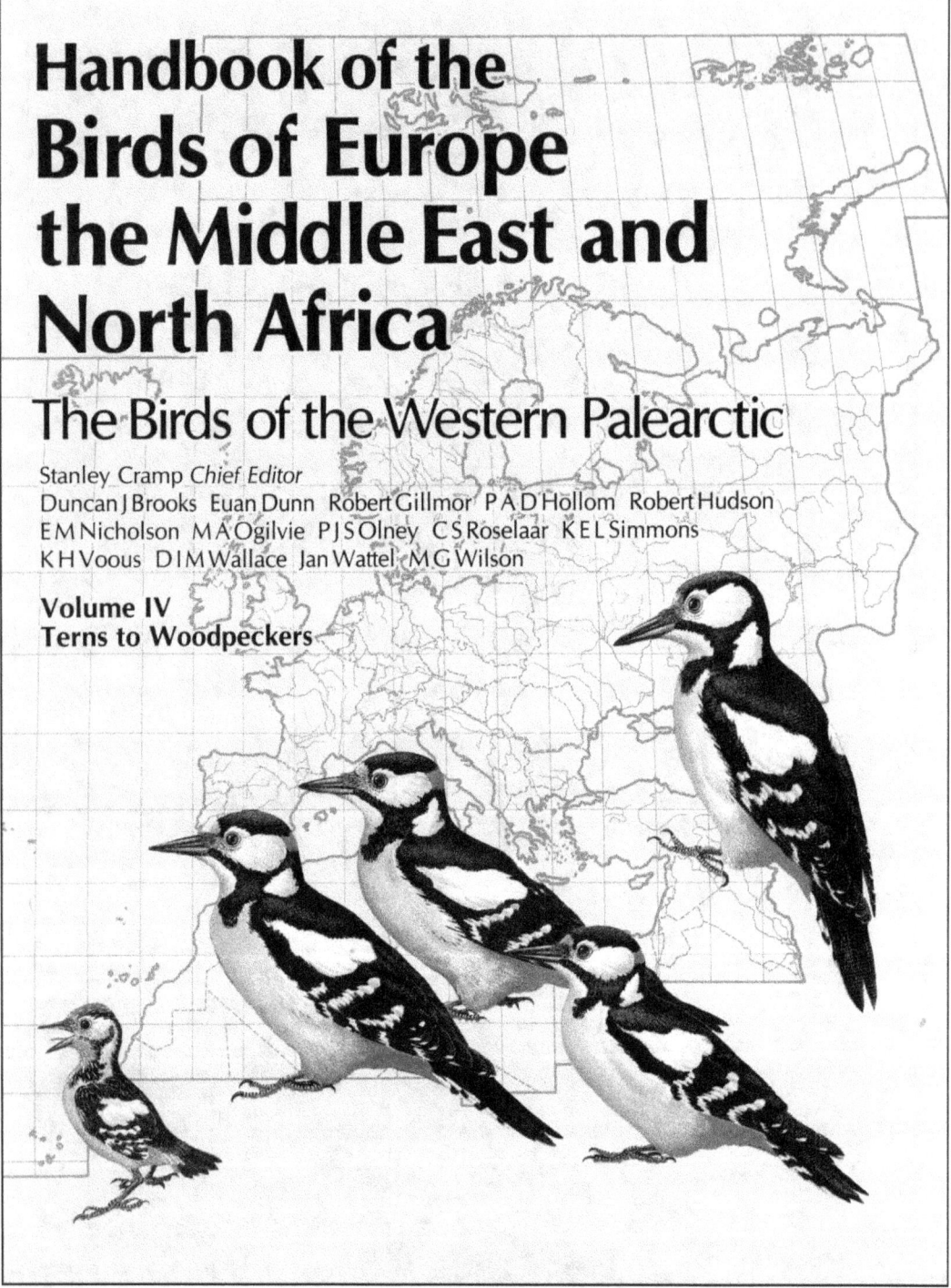

Handbook of the Birds of Europe the Middle East and North Africa

The Birds of the Western Palearctic

Stanley Cramp *Chief Editor*
Duncan J Brooks Euan Dunn Robert Gillmor P A D Hollom Robert Hudson
E M Nicholson M A Ogilvie P J S Olney C S Roselaar K E L Simmons
K H Voous D I M Wallace Jan Wattel M G Wilson

**Volume IV
Terns to Woodpeckers**

The four articles about the Three-toed woodpeckers are referenced on seventeen different occasions in volume number 4 of "Handbook of the Birds of Europe, the Middle East and North Africa - the Birds of the Western Palearctic".

Horizontal partition of the breeding territory of the Three-toed Woodpecker Picoides tridactylus.

Published in Fauna norvegica Series C, Cinclus, the quarterly periodical of the Norwegian Ornithological Society, in 1982.

While observing the adults feeding the juveniles we made notes of their flight directions to and from the nest. This could indicate if they split the territory between them geographically. Previous research showed that this was probably the case - a strategy used to search for food more effectively - but the research paper had been based on only about 25 observations. At the end of the 300 hours at the nest we had made 524 observations which could be analysed statistically and clearly showed that there was indeed a diversified usage of the territory.

Birger is plotting flight directions.

Horizontal partition of the breeding territory of the Three-toed Woodpecker *Picoides tridactylus*

ASBJØRN SOLLIEN, BIRGER NESHOLEN AND JAN ERIK FOSSEIDENGEN

Sollien, A., Nesholen, B. & Fosseidengen, J.E. 1982. Horizontal partition of the breeding territory of the Three-toed Woodpecker *Picoides tridactylus*. *Fauna norv. Ser. C. Cinclus 5*, 93—94.

524 observations of flight-directions of male and female Three-toed Woodpeckers to and from one nest within a radius of 25—50 m have been noted, all during the nestling period.
Chi-square-tests showed significant polarisation of the breeding territory between the male and female. The conclusions did not change if only the inflight or outflight directions were used, or the whole material was combined.
When the male disappeared from the nest for a period, there was no significant change in the pattern of use of the territory by the female. On the other hand, when the female disappeared from the nest towards the end of the breeding period, there was a significant change in the pattern of use of the territory by the male.

Asbjørn Sollien, Kirkely, 1925 Blaker, Norway. Birger Nesholen, 2260 Kirkenær, Norway. Jan Erik Fosseidengen, Akvakulturstasjonen, 5490 Storebø, Norway.

INTRODUCTION

There are previous reports from Norway that the flight-directions to and from the nest by several species of woodpeckers indicate that the two sexes use separate parts of the breeding territory in searching for food. The species referred to are Three-toed Woodpecker *Picoides tridactylus* (Wabakken 1973, Hogstad 1976), Green Woodpecker *Picus viridis* (Stenberg 1978) and Grey-headed Woodpecker *Picus canus* (Wabakken 1973). In addition, observations indicate that this can also be true for the Black Woodpecker *Dryocopus martius* (Hogstad 1976). A horizontal partition of the breeding territory in the Three-toed Woodpecker is also suggested in Switzerland (Ruge 1968).

This paper deals with the territorial relations between the two sexes at a nest of Three-toed Woodpecker during the nestling period in Grue in Hedmark county, E. Norway in 1972. Parts of the breeding biology have previously been described from the same nest (Sollien et al. 1978).

MATERIAL AND METHODS

The flight directions to and from the nest within a limit of 25—50 m from the nest were recorded for both sexes (Tab. 1). At each registration one of eight possible flight directions was noted; N, NE, E and so forth. When analysing the mate-

rial with chi-square-test the values for NW, N and NE were combined, and also the values for SE, S and SW.

For a spell during the nestling period the male disappeared from the nest, and the female disappeared towards the end of the period, attending the first juvenile that flew out. For these two cases it was tested whether the remaining bird changed its use of the territory.

RESULTS

Fig. 1 shows the presumed partition of the territory between the male and the female based on the number of observations in the different sectors. The figure reveals a clear polarisation between the two sexes ($x^2 = 74.79$, $p < 0.001$). A considerable overlap (80—100 %) appears only in the sectors E and NW.

When the male disappeared from the nest, there was no significant change in the flight directions of the female ($x^2 = 1.16$).

Fig. 2 shows how the male used the territory after the disappearance of the female. The change was significant ($x^2 = 5.36$, $p < 0.0025$). There was no use of the sectors SE, S and SW, and the use of the sectors NE and W was considerably reduced. Earlier the male's main sector was N. Now the use of the sector NW — where it earlier had had 100 % overlap with the female

Fauna norv. Ser. C, Cinclus 5: 93—94. Oslo 1982.

93

Table 1. The number of inflights and outflights noted for the pair of Three-toed Woodpeckers during the nestling period.

Sex	In	Out	Total
♂	62	112	174
♀	142	208	350
Total	204	320	524

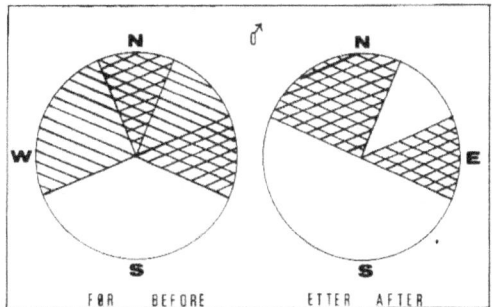

Fig. 2. The observations of the male in the different sectors as percentages before and after the female left the nest. Values of the hatching correspond to Fig. 1.

— rose to a triple rate and became similar in use to the sector N.

It is difficult to explain why the female did not change its pattern of use, while the male did. A possible explanation might be that the female did not change its pattern of use because the male was still in the territory searching for food even if he was not observed at the nesting-tree. As the female disappeared, attending the first juvenile that had left the nest, the male could change its pattern of use because the female moved towards the limit of the territory, or out of it.

The pattern of territory use remained the same whether or not the in- or outflight directions were analysed separately or the whole material was combined. Inflight directions gave $x^2 = 28.19$, $p < 0.001$, outflight directions $x^2 = 46.79$, $p < 0.001$.

ACKNOWLEDGEMENTS

We are indebted to Berit Edsberg, Tore Sætre and Jørn Sæthern for help in the field-work, to Tore Slagsvold for testing the material statistically, and to Olav Hogstad and Tore Slagsvold for critical comments concerning the manuscript. Our sincere thanks also to Finn Erik Solum, who improved the language.

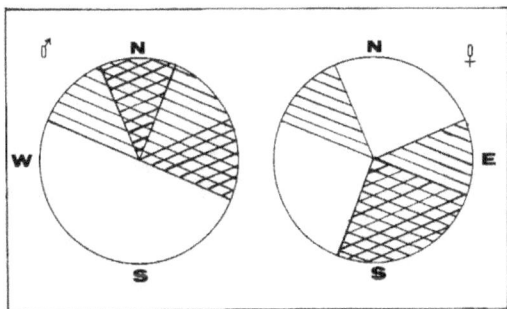

Fig. 1. The observations as percentages in the different sectors for the two sexes. Open sector: < 10%, hatched: 10—20%, double hatching: > 20%.

SAMMENDRAG

Horisontal deling av forplantningsterritoriet hos tretåspett Picoides tridactylus

524 observasjoner av fluktretninger til og fra et tretåspettreir de nærmeste 25—50 m ble registrert for både hann og hunn gjennom ungeperioden.

Resultatene indikerer en klar polarisering i bruken av forplantningsterritoriet for de to kjønn. Konklusjonen ble den samme om bare inn- eller utflyvningsretningene ble brukt, eller om hele materialet ble slått sammen.

Da hannen forsvant fra reiret en tid i ungeperioden, medførte dette ingen signifikant forandring i hunnens bruk av territoriet. Imidlertid, da hunnen forsvant fra reiret mot slutten av ungeperioden forandret hannen signifikant bruken av territoriet. Dette kan kanskje forklares ved at hannen i det første tilfellet fremdeles oppholdt seg i territoriet og søkte næring der selv om den ikke ble observert ved reirtreet. Da hunnen forsvant fra reiret fulgte hun den først utfløyne ungen og matet denne. Hannens forandring av bruken av territoriet kunne skyldes at hunnen beveget seg ut mot grensen av territoriet, eller helt ut av det.

REFERENCES

Hogstad, O. 1976. Interseksuell deling av forplantningsterritoriet hos tretåspett. Sterna 15, 5—10.
Ruge, K. 1968. Zur Biologie des Dreizehenspechts Picoides tridactylus L.. Orn. Beob. 65, 109—124.
Sollien, A., Nesholen, B. & Fosseidengen, J.E. 1978. Observasjoner ved et reir av tretåspett Picoides tridactylus. Cinclus 1, 58—64.
Stenberg, I. 1978. Trekk fra grønnspettens hekkebiologi. Vår Fuglefauna 1, 152—158.
Wabakken, P. 1973. Observasjoner fra gråspett- og tretåspettreir. Fauna 26, 1—6.

The first picture taken in Norway of a fledgling from a successful nesting of Hobby.

The Hobby Falco Subbuteo *in Norway.*

Published in FAUNA, the quarterly periodical of the Norwegian Zoological Society, in 1986.

As a youngster I was very familiar with the Hobby. Whenever a small falcon was seen, it was always a "Hobby". I later realized that most of the observations were actually of the Kestrel, a "common" species in Grue – where no bird of prey could be regarded as common, as they had been hunted mercilessly. The Hobby actually showed to be a very rare bird – according to Haftorn's encyclopaedia there were only nine observations from Eastern Norway.

However, when we gathered the data for our booklet about the birds in the municipality I came to understand that as usual, there was no smoke without a fire. Several of our contacts came forward with observations both of migrating birds and nests, indicating that there was indeed a small - however may be unstable - population, which history could stretch beyond the first written source I later found about the Hobby in our area, from 1838.

When our booklet was published in 1976 the information about the Hobby was immediately dismissed by established ornithologists. It was regarded as highly unlikely to impossible that a breeding population was established in Grue, while the falcon was hardly seen elsewhere in Norway. What the ornithologists failed to take into consideration was the shape of the bird's global breeding range – its north-western corner seemed to go exactly east of the Finn Forest of Eastern Norway.

I continued to collect data about the Hobby – Birger found a location in Grue which between 1976 and 1981 produced 10 nestlings, and in 1981 he photographed a fledgling. I came to find out that I was working parallel to two friends of mine at the University of Oslo – they were also aiming to release a paper about the Norwegian population of the Hobby. Since I had started working in pest control I had little time to dedicate to the task, hence I merged my data with theirs. When the paper was released, not only did we publish our data – Birger had his picture of the fledgling hobby on the front cover of FAUNA……….

The front page of the periodical FAUNA No. 1 1986 with Birger's photography.

Lerkefalken i Norge

RAGNAR ØDEGAARD, JON BEKKEN OG ASBJØRN SOLLIEN

I forrige århundre fantes en liten hekkebestand av lerkefalk *Falco subbuteo* L. rundt indre Oslofjord (Collett 1869, 1921). Det har rådet usikkerhet om lerkefalkens status i Norge i dette århundre. Fra første halvdel foreligger bare ett publisert hekkefunn, fra Stange i Hedmark (Wollebæk 1936). Etter 1950 foreligger flere publiserte hekkefunn fra Gru:, Hedmark (Sollien et al. 1976, Michaelsen 1979). Arten har offisielt vært fraværende som hekkefugl i Norge de siste tiår (Haftorn 1971, Bijleveld 1974, Lid & Schei 1976, Cramp et. al. 1982). Imidlertid er flere hekkefunn kjent fra ulike deler av Østlandet etter 1960 (pers.obs.). Arten blir i tillegg observert jevnlig i trekktidene vår og høst, og det foreligger også en rekke observasjoner av enkeltindivider i hekketida. Et nærliggende spørsmål er derfor om arten i løpet av de siste tiår igjen har dukket opp som hekkefugl her i landet, eller om en liten hekkebestand i lengre tid har unndratt seg oppmerksomhet.

Formålet med denne artikkelen er å klargjøre lerkefalkens nåværende status i Norge, belyse utviklingen i bestandsstørrelsen, gi en oversikt over artens valg av hekkebiotop i Norge, og sammenfatte eksisterende viten omkring artens utbredelse, næringsøkologi, hekkebiotop og sårbarhet, og å diskutere artens opptreden i Norge i lys av dette.

MATERIALE OG METODER

Basisdata for denne undersøkelsen er vårt materiale fra Hedmark fylke. For oversikt over lerkefalkens status ellers i Norge er opplysninger innhentet fra Østlandsfylkenes (Oppland, Akershus, Buskerud, Østfold, Vestfold, Telemark, Aust- og Vest-Agder) Rapport- og sjeldenhetskomiteer (LRSK) og Atlasprosjektets koordinatorer under Norsk Ornitologisk Forening. Også fuglestasjoner er kontaktet for å få en oversikt over trekkforholdene, og en rekke enkeltpersoner er forespurt.

For påvisning av eventuelle hekkinger i 1982—84 ble kjente hekkelokaliteter oppsøkt i tiden hvor arten eksponerer seg mest, dvs. i siste halvdel av juli og begynnelsen av august (Cronert 1978).

Tabell 1. Klassifisering av observasjoner
Classification of observations

Påvist hekking
Confirmed nesting
	— Reir med egg eller unger
	  Nest with eggs or young
	— Utfløyet ungekull
	  Fledged young
	— Vedvarende varsling
	  Continued alarm calls

Sannsynlig hekking
Possible nesting
	— To voksne sett sammen i et potensielt
	  hekkeområde i perioden 1. juni—10. august
	  Two adult birds seen in a potential nesting habitat 1 June—10 August
	— Mobbing av andre rovfugler i et potensielt hekkeområde i
	  nevnte periode
	  Other birds of prey being mobbed during the same period

Observasjon i hekketiden
Observed in breeding season
	— Observasjon av voksne enkeltfugler
	  i nevnte periode
	  Single adult birds seen during the mentioned period

Trekkobservasjon
Migration records
	— Observasjoner før 1. juni og etter
	  10. august
	  Records before 1 June or after 10 August

Klassifisering av observasjoner

Som veiledende grunnlag for fastsetting av hekketid (Tab. 1) er benyttet tidspunkter for utfløyne ungekull fra 3 lokaliteter i Hedmark. Disse er 1. august (± 1 dag) Grue 1978, 1979 og 1980 (B. Nesholen pers. medd.), Ringsaker 29. juli (1982) (R. Solheim pers. medd.) og Eidskog 3. august (1983) (J. Bekken pers. obs.). Med en rugetid på 28 døgn og reirtid for ungene på 28 — 32 døgn (Glutz von Blotzheim et al. 1971) gir dette hekkestart i månedskiftet mai — juni.

Ungene oppholder seg trolig i reirområdet sammen med foreldrene flere uker etter at reiret er forlatt for å bli matet og for å lære jaktteknikk av foreldrene. Glutz von Blotzheim et al. (1971) nevner at ungenes aktivitetsområde de første tre ukene ligger innenfor 1 km fra reiret, etter fire — fem uker opp til 2 km. Sannsynligheten er derfor stor for at to eller flere individer sett samtidig i samme område etter 10. august er en familiegruppe eller deler av en. Blant annet ble en ungfugl av året funnet vingeskadd ca 5 km fra en lokalitet i Løten som dette året ut fra andre observasjoner har fått status sannsynlig hekkeplass.

SOF (1978) antyder at lerkefalkens høsttrekk i Skandinavia starter ultimo juli. Som en følge av usikkerhet med henblikk på adskillelse av trekkende og stasjonære individer i august, ble alle observasjoner etter 10. august klassifisert som trekkobservasjoner (Tab. 1). Hekketiden for lerkefalk i Norge er derfor satt til 1. juni — 10. august.

Lerkefalken «mobber» ofte individer av en del andre fuglearter når disse kommer nær reirområdet. Dette gjelder ikke minst andre rovfuglarter, spesielt våker (Curry-Lindahl 1945, Glutz von Blotzheim et al. 1971, Cramp et al. 1982). Forholdet er i Norge observert ved hekkeplasser både i Hedmark og Buskerud. Denne atferdstypen indikerer hekking og inngår derfor i klassifiseringskriteriene for sannsynlig hekking (Tab. 1).

RESULTATER

Bestandsstørrelse og utbredelse

I perioden etter 1955 er det registrert 18 påviste hekkinger og 13 tilfeller klassifisert som sannsynlig hekking (Tab. 2) fordelt på tilsammen 16 lokaliteter (Fig. 1). Det foreligger totalt 36 observasjoner av enkeltindivider i hekketiden (1. juni — 10. august) fordelt på 20 lokaliteter (Fig. 1). Hele 22 av de 31 hekkingene (påviste og

sannsynlige) er registrert i perioden 1970 — 1984.

Data fra 1982 og 1983 indikerer nåværende hekkebestand i Norge. I 1982 ble tre hekkinger påvist sammen med to sannsynlige hekkinger, i alt fem tilfeller. Det samme totalantallet ble registrert i 1983.

Lerkefalken har en markert sørøstlig utbredelse i Norge, der Hedmark peker seg ut som et kjerneområde (Fig. 1). 16 av ialt 18 påviste hekkinger og 10 av ialt 13 sannsynlige hekkinger er

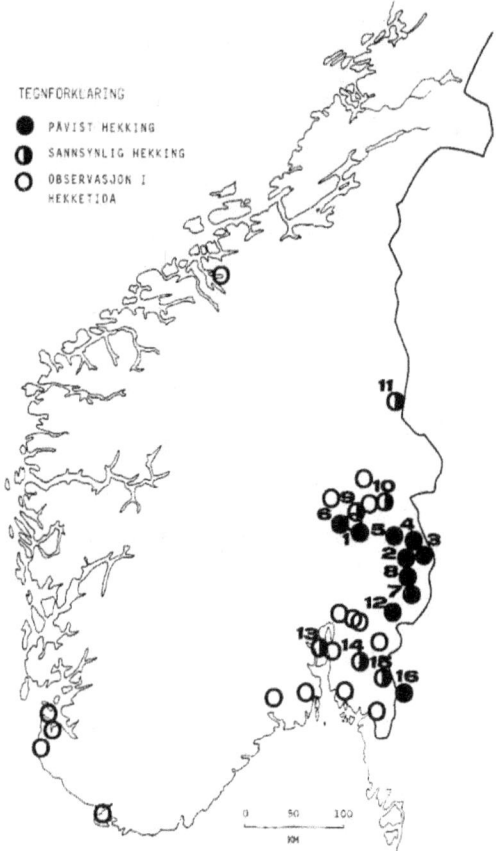

Fig. 1. Utbredelse av lerkefalk *Falco subbuteo* i Norge i perioden 1956 — 84. For klassifisering av observasjoner, se Tab. 1. Som tillegg til figuren kommer én observasjon i hekketiden i Troms og én i Finnmark. Tallene refererer til lokalitetsnumre i Tab. 3.
Distribution of the hobby Falco subbuteo *in Norway during the period 1956 — 84. For classification criteria of observations see Tab 1 In addition to the figure is one observation during the nesting period in Troms and one in Finnmark Numbers refers to locality number in Tab 3*

Tabell 2. Antall påviste og sannsynlige hekkinger samt antall observasjoner i hekketiden av lerkefalk *Falco subbuteo* i Norge i perioden 1956—84. Tall i parentes angir antall lokaliteter.
Number of confirmed and possible nestings plus number of observations during the nesting period of the hobby Falco subbuteo *in Norway during the period 1956—84 Number of localities in parenthesis.*

Fylke County	Påviste hekkinger Confirmed nesting	Sannsynlige hekkinger Possible nesting	Observasjoner[1] i hekketiden Number of observations during nesting period
Hedmark	16 (7)	10 (7)	4 (4)
Akershus	1 (1)	—	7 (5)
Østfold	1 (1)[2]	2 (2)	2 (2)
Buskerud	—	1 (1)	—
Vestfold	—	—	1 (1)
Telemark	—	—	14 (1)
Vest-Agder	—	—	1 (1)
Rogaland	—	—	4 (3)
Møre og Romsdal	—	—	1 (1)
Troms	—	—	1 (1)
Finnmark	—	—	1 (1)
Totalt	18 (9)	13 (10)	36 (20)

[1] Ingen observasjoner fra lokaliteter med påvist eller sannsynlig hekking er inkludert.
No observations from localities with confirmed or possible nestings are included.
[2] Lokalitet like over grensen på svensk side.
Locality in Sweden close to the Norwegian border.

Tabell 3. Påviste og sannsynlige hekkinger av lerkefalk *Falco subbuteo* i perioden 1956—84
Confirmed and possible nestings of the hobby Falco subbuteo *during the period 1956—84*

Lokalitet nr. Locality no.	Kommune/fylke District/County	Påvist hekking Confirmed nesting	Sannsynlig hekking Possible nesting	Kilde Source
1	Stange, Hedmark	1963	—	O. Bekken, R. Ødegaard
2	Grue, Hedmark	Ca 1956, 1976-81	Ca 1966-67, 1982	B. Nesholen, A. Sollien
3	Grue, Hedmark	1975	—	K. Hoff, O. Tvengsberg
4	Grue, Hedmark	—	1984	O.J. Myhrvold, J. Henriksen
5	Åsnes, Hedmark	Ca 1957	—	A. Sollien
6	Ringsaker, Hedmark	1980, 1982-84	1981	H. Bjaanes, R. Ødegaard
7	Eidskog, Hedmark	1983	—	J. Bekken
8	Kongsvinger, Hedmark	1983	1982	O.J. Myhrvold, J. Henriksen
9	Løten, Hedmark	—	1982-83	L.K. Frelsøy, I. Karlsen
10	Elverum, Hedmark	—	1983	F. Rønning, R. Bjørnstad
11	Engerdal, Hedmark	—	1958	G. Schmidt, Haftorn (1971)
12	Aurskog-Høland, Akershus	Slutten 50-åra	—	F. Toverud
13	Røyken, Buskerud	—	1980	J. Svejkovsky, P.O. Syvertsen
14	Askim, Østfold	—	1977 el. 1978	T. Haller
15	Marker, Østfold	—	1979	A. Haga
16	Sverige/Marker, Østfold	1976	—	G. Stenmark

3

Fig. 2. Nesten flygedyktig unge av lerkefalk *Falco subbuteo* Foto: Birger Nesholen.
Young of the hobby Falco subbuteo *near fledging.*

registrert i dette fylket (Tab. 3). De resterende hekkingene stammer fra Akershus, Buskerud og Østfold. Flere observasjoner i hekketiden på Jæren, Rogaland (Fig. 1) indikerer at arten kan ha hekket der, uten at dette er blitt verifisert.

Ungeproduksjon

Kun for en av lokalitetene i Grue foreligger informasjon om ungeproduksjonen. I de fem årene 1976—80 kom i alt 10 unger på vingene (Fig. 2). For tre av årene var kullstørrelsen to unger, de to andre årene henholdsvis en og tre unger (B. Nesholen pers. medd.).

Trekkobservasjoner

Arten blir regelmessig, men i et lite antall observert i Sør-Norge under trekket vår og høst. Tab. 4 viser observasjonsmengden ved fire fuglestasjoner langs kysten av Sør-Norge. Trekkintensiteten synes om våren å være størst i mai måned og om høsten i september.

Lerkefalk blir observert en rekke steder under trekket. Den opptrer fåtallig, men årvisst på lokaliteter i Sørøst-Norge der fugletrekket følges mer eller mindre kontinuerlig, blant annet Nordre Øyeren (Bergan 1981) og Hellesjøvannet (O. Olsen pers. medd.), Akershus og Akerøya, Østfold (M. Brandsnes pers. medd.). Trekket synes å være mest konsentrert i Sørøst-Norge, dvs. fylkene Østfold, Akershus, Vestfold og Telemark. Få observasjoner er gjort i Agderfylkene

Tabell 4. Antall observasjoner av lerkefalk *Falco subbuteo* i ulike måneder ved fire norske fuglestasjoner. *Number of observations of the hobby* Falco subbuteo *during different months at four Norwegian bird observatories.*

Lokalitet *Locality*	April *April*	Mai *May*	Juni *June*	Juli *July*	Aug. *Aug*	Sept. *Sept.*	Okt. *Oct.*	Totalt *Total*
Store Færder, Vestfold (1967-81)	—	23	4	—	—	—	—	27
Mølen, Vestfold (1970-79)	1	10	—	—	2	4	1	18
Jomfruland, Telemark (1972-79)	3	4	1	—	6	8	2	24
Revtangenomr., Rogaland (1977-81)	1	2	—	2	—	3	2	10
Totalt	5	39	5	2	8	15	5	79

og i Rogaland. Arten opptrer svært sporadisk på Vestlandet, i Trøndelag og i Nord-Norge.

LERKEFALKENS BIOLOGI

Kunnskap om lerkefalkens jaktatferd, næring og reirplassering er grunnleggende i forståelsen av artens valg av hekkebiotop.

Jaktatferd

Lerkefalken er en spesialisert luftjeger som nesten uten unntak jager og slår byttet i flukt (Glutz von Blotzheim et al. 1971, Cramp et al. 1982), og krever åpent eller halvåpent landskap som næringssøkområde. Den er de andre norske falkeartene overlegen når det gjelder hurtighet og manøvreringsdyktighet.

Næring

Fugl og insekter utgjør den alt overveiende del av næringen. Bare unntaksvis fanges flaggermus og smågnagere (Cramp et al. 1982). Hvor stor andel av proteinbehovet som blir dekket av henholdsvis fugl og insekter er avhengig av tilgjengelighet og individuelle tilpasninger.

I vinterkvarteret i Afrika er insekter hovednæringen (Glutz von Blotzheim et al. 1971, Cramp et al. 1982). Termitter (Isoptera) og gresshopper (Orthoptera) er de vanligste byttedyrene. Flokker på opptil 200—300 lerkefalker er observert i kjølvannet av kraftige regnskyll der de utnytter store ansamlinger av svermende termitter (Brown 1976).

I hekkeområdene synes lerkefalkens diett å være mer variert. Målt i vekt er fugl trolig den viktigste byttedyrgruppen (Glutz von Blotzheim et al. 1971). Tilsammen ca 70 fuglearter er registrert som byttedyr i Europa (Cramp et al. 1982). Arter som lever i åpent eller halvåpent landskap dominerer byttedyrlisten, slik som svaler (Hirundinae), lerker (Alaudidae), erler (Motacillidae), tårnseiler *Apus apus* sammen med flokklevende spurver (Passeridae), finker (Fringillidae) og stær *Sturnus vulgaris*. Dette utvalget må sees i sammenheng med lerkefalkens spesielle krav til jaktbiotop.

Som en generell regel synes voksenfugl å livnære seg hovedsakelig av insekter i tida fram til eggene klekkes, deretter fanger de fugl både til ungene og seg selv inntil ungene forlater reiret. Da går begge aldersgruppene igjen over til insektdiett (Cramp et al. 1982). Curry-Lindahl (1945) har imidlertid observert et annerledes mønster for et lerkefalkpar i Södermanland, Sverige. Her ble ungene de to første ukene hovedsakelig foret med insekter.

Vår viten om lerkefalkens diett baserer seg på omfattende næringsanalyser fra sør- og mellomeuropeiske forhold. Fra Norden foreligger få tilsvarende undersøkelser, men litteratur som berører artens økologi påpeker alle insektfødens betydning (Curry-Lindahl 1945, Hagen 1952, Holmström et al. 1953, Blædel 1960, Haftorn 1971, Cronert 1978). Også fra Sovjet er insekter påvist å utgjøre en viktig del av lerkefalkens diett (Dementiev 1954).

En kan konkludere med at lerkefalkens næring hovedsakelig fordeler seg på to byttedyrgrupper: Småfugl og større flyvende insekter. Innen disse rammer viser arten stor fleksibilitet og må som mange andre rovfuglarter karakteriseres som en opportunist. Det synes å være belegg for å hevde at tilgang på både insekter og fugl er nødvendig for en vellykket hekking.

Generelt synes fugler å starte hekkingen på det tidspunkt som medfører at avkommet har optimal tilgang på næring når reiret forlates (Farner 1964). I Sentral-Europa foregår egglegingen i midten av mai (Fiuczynski 1978), i Norge trolig de første dagene av juni. Det sene hekketidspunkt kan tolkes som en tilpasning til den relativt rike forekomsten av insekter og småfugl, spesielt svaler, som er tilgjengelig på sensommeren (Blædel 1960, Fiuczynski 1978). Lerkefalken ankommer hekkeområdene svært sent antakelig fordi tilstrekkelig insektføde ikke er tilgjengelig tidligere på våren. Det kan derfor tenkes at hekkingen starter så tidlig som det er mulig gitt lerkefalkens diett.

Reir

Som andre falker bygger heller ikke lerkefalken reir selv. I de fleste tilfeller blir gamle kråkereir tatt i bruk, enkelte ganger også reir av musvåk, hønsehauk, kornkråke, skjære og ringdue (Glutz von Blotzheim et al. 1971). Undersøkelser fra Sverige (Cronert 1978), Finland og Mellom-Europa (Glutz von Blotzheim et al. 1971) viser at furu er vanligste reirtre. Ti hekkinger i Hedmark foregikk alle i reir som ble antatt å være kråkereir. Ni reir lå i furu og ett i gran.

Sammenfattet kan en si at lerkefalkens hekkebiotop må tilfredsstille følgende krav:
— Vegetasjonsmessig åpne eller halvåpne områder.
— Rik forekomst av spurvefugl og større flyvende insekter.
— Forekomst av gamle kråkereir.

Utbredelse

Dyregeografisk er lerkefalken transpalearktisk med et utbredelsesområde som dekker mesteparten av Europa og Asia. Den er en lavlandsart og typisk kontinental, og unngår vindfylte og nedbørrike kystområder (Cramp et al. 1982). Dette kan ha sammenheng med insektdietten.

Biotop

Preferert hekkebiotop er områder der skog, skogholt og treklynger veksler med åpent landskap. Det åpne elementet kan være åkerland, busk- og krattområder, hogstflater, myrområder og vannflater (Fig. 3), eller kombinasjoner av disse. Trange daler, sammenhengende skogstrekninger og større sammenhengende trebare områder som stepper og ørkener blir unngått (Cramp et al. 1982). Glutz von Blotzheim et al. (1971) påpeker spesielt at våtmarker blir foretrukket som jaktområde og at hekkeplassene ligger nær opp til disse. Også Holmström (1953) hevder at reirplassen gjerne ligger nær innsjøer og våtmarker. Dette støttes av undersøkelser i Skåne (Cronert 1978) og Kronoberg (Bondesson 1983).

For de norske lokalitetene er vannelementet en fellesnevner. Hekkeområdene kan grovt deles i to grupper:

— Større myrområder i barskogsregionen eventuelt med tjern og innsjøer.
— Områder med kulturpreg der våtmarker og innsjøer veksler med skog og/eller dyrket mark/bebyggelse.

I jordbrukslandskapet på Hedemarken, i Solør-Odal, i Akershus, Østfold og Vestfold er lerkefalken ikke påvist stasjonær i hekketida, og er ellers sjelden blitt observert i sammenhengende skogstrekninger. Jordbrukslandskapet er en gunstig jaktbiotop for arten, men her er næringsressursene begrenset. Det præriepregete åkerlandskapet i Sørøst-Norge med hovedvekt på korndyrking er trolig for fattig på både småfugl og insekter til at lerkefalk kan hekke der. Kombinasjonen skog/åkerlandskap ser heller ikke ut til å dekke artens krav til hekkebiotop.

Småfugltilbudet i barskogsområdene skulle være tilstrekkelig til vellykket hekking, men denne næringsressursen er neppe tilgjengelig fordi skogen er en lukket biotop hvor lerkefalken ikke kan utnytte sin jaktteknikk. I tillegg er barskogsområdene relativt fattige på insekter av størrelse og atferd som gjør dem tilgjengelige for lerkefalken.

Her i Norge synes altså våtmarker og vannareal å være et nødvendig landskapselement for artens tilhold. Dette beror høyst sannsynlig på

Fig. 3. Typisk hekkehabitat for lerkefalk *Falco subbuteo* i skogområdene på det indre Østlandet. Foto: Jon Bekken. *Typical nesting habitat for the hobby* Falco subbuteo *in the forest region of SE Norway.*

det gode næringstilbudet i form av store insekter, spesielt øyenstikkere, og svaler og tårnseilere som bruker luftrommet over disse områdene i juni — august.

BESTANDSUTVIKLING

Bestanden i Norge

De siste 150 år synes bestandsstørrelsen her i landet å ha fluktuert rundt et lavt nivå. Rasch (1838) skriver: «Lærkefalken — Er temmelig hyppig, og bygger her i omegnen. Hedemarken er maaskee dens nordligste Grændse».

Collett (1869): «Er utbredt i de sydlige, lavere egne hvor den ruger almindelig i traktene omkring Christianiafjorden og i Smålehnene op til egnene omkring Mjøsen, sparsommere op gjennom Gudbrandsdalen til Fjeldryggen, som den ikke synes at overskride.»

Haftorn (1971): «Hekket visstnok årlig på øyene i indre Oslofjord, i Sandvika og ved Sognsvann i forrige århundre».

Schaanning (1913): «Ruger aarlig, men ytterst faatallig og spredt i de sydlige stifters skogtrakter syd for Dovre.»

Før 1900 og etter 1950 har lerkefalken trolig hekket årlig, men i et lite antall her i landet. Ut fra de sparsomme opplysningene i litteraturen kan det synes som om arten bestandsmessig befant seg på et toppunkt i 1860-årene og at nåværende status ligger på 1838-nivå eller lavere. Dagens hekkebestand er vanskelig å anslå, men det er på det rene at den er ytterst liten.

Langsiktige klimatiske fluktuasjoner som via temperatur og nedbør endrer insektproduksjonen, er trolig en av flere faktorer som påvirker bestandsstørrelsen. I periferien av en arts utbredelsesområde, hvor livsbetingelsene balanserer på marginale nivåer, kan tilsynelatende små miljømessige endringer få store konsekvenser for artens forekomst. En lavere gjennomsnittstemperatur blir nevnt som mulig årsak til artens tilsynelatende fravær som hekkefugl i første halvdel av dette århundret (Hagen 1952). Tilsvarende er det nærliggende å koble den tilsynelatende nye etableringen med klimaforbedringen i etterkrigsperioden.

Lerkefalk i nabolandene

Utbredelsesområdet i Norge (Fig. 1) er en direkte utløper av det svenske. I Sverige er bestandsstørrelsen anslått til ca 1000 par (Nilsson 1981). Hovedtyngden av denne populasjonen hekker sør for Norrlandsgrensen (SOF 1978), men hekking

er påvist så langt nord som i Lule lappmark (Risberg 1983).

Finlands bestand ble i 1950-årene anslått til 2700 par. Etter merkbar nedgang i 1960-årene er tallet i dag betydelig lavere (Cramp et al. 1982).

I Danmark var arten ganske vanlig fram til 1880-årene, etter dette har det vært en merkbar nedgang til 10 — 20 par i 1950-årene og 5 — 10 par i 1970-årene (Cramp et al. 1982).

Sårbarhet og framtidige ekspansjonsmuligheter

Bijleveld (1974) hevder at i Europa sett under ett er lerkefalkbestanden i tilbakegang. Dette bildet nyanseres av Cramp et al. (1982) som hevder at i Frankrike, Danmark, Finland og Ungarn synes tilbakegangen å være reell. Bestandene i England og Østerrike er stabile, mens oppgang er registrert i Nederland og Sovjet. De langsiktige populasjonsstudiene rundt Berlin viste høy bestand i 1950-årene, tilbakegang i 1960-årene og etter den tid oppgang, men uten å nå 1950-åras nivå (Fiuczynski 1981). Innholdet av PCB og DDE i 399 undersøkte egg fra Berlin-populasjonen var lavt og virket trolig ikke inn på artens hekkesuksess (Fiuczynski 1981).

Lerkefalken synes å være svært tolerant overfor menneskelig aktivitet og kan i deler av sitt utbredelsesområde betraktes som en kulturfugl. Reir av arten er funnet langt inne i Berlin by (Fiuczynski 1978, 1981). I Skåne ble vellykket hekking gjennomført tross trafikk av personer og kjøretøyer mindre enn 15 meter fra reirtreet (Cronert 1978). En av lokalitetene i Hedmark er utsatt for stor trafikk. Tross dette har hekkingene vært vellykkede. Erfaringer fra denne lokaliteten viser at arten ikke lar seg genere eller provosere med mindre en kommer svært nær reirtreet.

Lite tyder på at direkte etterstrebing (eggrøving, avliving av unger/voksenfugl) er noen trussel mot lerkefalkens eksistens i Norge.

Artens tilsynelatende avhengighet av produktive våtmarker og innsjøer gjør arten sårbar overfor drenering, gjenfylling og andre inngrep. Ser en imidlertid på det store spekter av våtmarkstyper og ferskvannsområder som lerkefalken kan ta i bruk, er neppe biotopen i dag noen begrensende ressurs.

Den videre utvikling av hekkebestandene vil antagelig være mest avhengig av hva som skjer i kjerneområdene i Mellom-Europa og i tilgrensende hekkeområder i Sverige. En bestandsforandring ellers i Europa som følge av eller parallelt med en eventuell klimavariasjon kan på sikt få innvirkning på hekkebestandens størrelse også i Norge.

Vi vil gjerne rette en kollektiv takk til alle lokale bidragsytere fra hele landet, da det vil føre for langt å nevne hver enkelt i en oppsummering her. Imidlertid vil vi rette en spesiell takk til Bjørn Mejdell Larsen som har gitt oss uvurderlig hjelp i vår søken etter relevant litteratur og til Søren Bondrup-Nielsen for engelsk oversettelse

LITTERATUR

Bergan, M. 1981. Faunistisk rapport fra Oslo og Akershus. *Vår fuglefauna 4*, 271—279.

Bijleveld, M. 1974. *Birds of prey in Europe* Macmillan, London. 263 pp.

Blædel, N. 1960. *Nordens fugler i farver.* Munksgaard, Odense.

Bondesson, O. 1983. Lärkfalken i Kronobergs län. *Milvus 13*, 24—33.

Brown, L. 1976. *British birds of prey.* Collins, London. 400 pp.

Collett, R. 1869. Norges Fugle, og deres geographiske Udbredelse i Landet. *Vidensk-Selsk Forh 1868,* 116—193.

Cramp, S. (ed) 1982. *Handbook of the Birds of Europe, the Middle East and North Africa. The Birds of the Western Palearctic Volume II. Hawks to Bustards* Oxford University Press, Oxford.

Cronert, H. 1978. Lärkfalkens förekomst i Skåne. *Anser 17*, 101—108.

Curry-Lindahl, K. 1945. Några iakttagelser vid ett bo av lärkfalk, Falco s. subbuteo L. *Fauna och Flora 5*, 193—206.

Dementiev, G.P. & Gladkov, N.A. 1954. *Birds of the Soviet Union, Vol I* State Publishing House, Moskow.

Farner, D.S. 1964. The Photoperiodic Control of Reproductive Cycles in Birds. *Amer. scientist 52*, 137—156.

Fiuczynski, D. 1978. Zur Populationsökologie des Baumfalken (Falco subbuteo L., 1758). *Zool Jb syst Bd 105*, 193—257.

Fiuczynski, D. 1981. Bestand, Vermehrung und Biocidbelastung des Baumfalken (Falco subbuteo) im Berliner Raum. *Ökol Vögel 3*, 253—260.

Glutz von Blotzheim, O.N., Bauer, K. & Bezzel, E. 1971. *Handbuch der Vögel Mitteleuropas, Vol 4* Akademische Verlagsgesellschaft, Frankfurt am Main.

Haftorn, S. 1971. *Norges fugler.* Universitetsforlaget, Oslo. 862 pp.

Hagen, Y. 1952. *Rovfuglene og viltpleien.* Gyldendal, Oslo. 603 pp.

Holmström, C.T., Henrici, P., Rosenberg, E. & Söderberg, R. 1953. *Fuglene i Norden.* Aschehoug, Oslo.

Lid, G. & Schei, P.J. 1976. Dagrovfugler og ugler. En oversikt over status 1975. *Norsk Natur 12*, 22—26.

Michaelsen, J. 1979. Rapport fra NNSK's virksomhet mai 1976—1977. *Vår fuglefauna 2*, 54—61.

Nilsson, S.G. 1981. De svenska rovfågelbestandens storlek. *Vår Fågelvärld 40*, 249—262.

Rasch, H. 1838. Fortegnelse og Bemerkninger over de i Norge forekomende Fugle. *Nyt Mag Naturvid. 1*, 357—389.

Risberg, L. 1983. Fågelrapport for 1982. *Vår Fågelvärld 42*, 301—372.

Schaanning, H. Tho. L. 1913. Norsk fugle-register. En systematisk ordnet navnefortegnelse over Norges fugle og deres utbredelse hos os tillikemed samtlige litteraturnavne i tiden 1599—1912. *Bergens Museums Aarbok 6*, 1—143.

Schuyl, G., Tinbergen, L. & Tinbergen, N. 1936. Ethologische Beobachtungen am Baumfalken (Falco s. subbuteo L.). *J Orn 84*, 387—433.

Sollien, A., Nesholen, B. & Fosseidengen, J.E. 1976. *Fuglefaunaen i Grue.* Rapport. 80 pp.

Sveriges Ornitologiska Förening (SOF). 1978. *Sveriges fåglar.* Stockholm. 268 pp.

Wollebæk, A. 1936. Rugeplass for lerkefalk. *Naturen 12*, 383.

ABSTRACT

Ødegaard, R., Bekken, J. & Sollien, A. 1986. The hobby *Falco subbuteo* in Norway. *Fauna 39*, 1—9.

Population development, number of nesting pairs and nesting habitats are examined for the hobby in Norway, mainly based on the authors own material from Hedmark County. Observations of naturalists and local chapters of the Norwegian Ornithological Society are also included.

The hobby is regularly seen in southern Norway during the migration period in spring and fall. Since 1955 there have been 18 confirmed nestings and 13 possible nestings recorded at 16 localities. Additionally, there have been 36 observations of single birds during the nesting period. Most observations of nests are after 1970. Breeding was confirmed at 3 localities in both 1982 and 1983 and there were 2 cases of possible breeding both years. At present the number of breeding pairs in Norway is small.

The hobby appears to have nested regularly in the lowland of Southeast Norway during the end of the last century. However, during 1900 to 1940 there are only few observations. After the Second World War there have been regular but few breeding attempts. Longrange climatic fluctuations such as temperature affects the production of insects, and is one of several factors affecting population size of the hobby.

The hobby has a distinct southeasterly distribution in Norway and the population is continuous with its distribution in Sweden. Hedmark may be the center of the species in Norway.

The hobby eats insects and small passerines which are caught on the wing in open to semiclosed terrain. In Norway wet areas seem necessary for presence of the species. This may have to do with the distribution of food in the form of large insects, swallows and swifts which use such areas for their own hunting during the summer months.

Neither environmental pollutants, disturbance or other factors seem to affect the size of the breeding population in Norway. The hobby is uncommon because Norway is at the periphery of the species' distribution.

Ragnar Ødegaard, Sandvikaveien 43, N-2312 Ottestad.

Jon Bekken, N-2123 Bruvoll.

Asbjørn Sollien, Kubberød gård, N-1500 Moss.

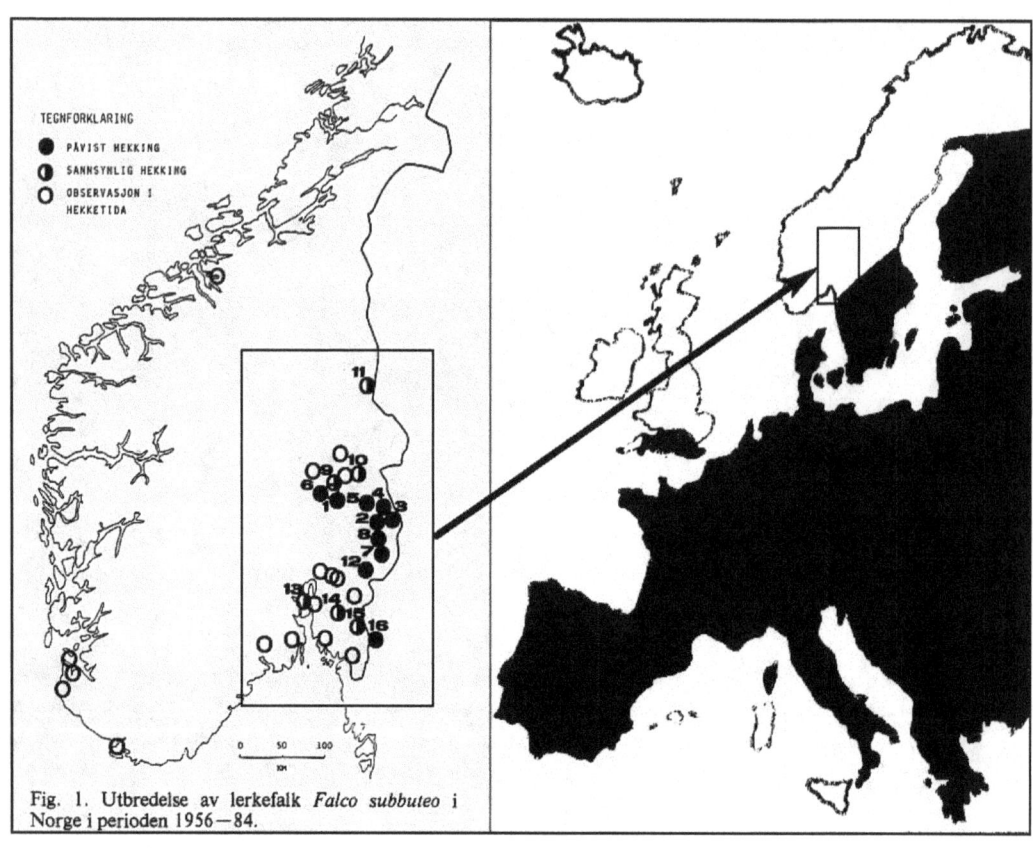

Fig. 1. Utbredelse av lerkefalk *Falco subbuteo* i Norge i perioden 1956—84.

The known breeding range of the Hobby in Europe in 1967 (black, right), and our added material (left) from 1956 to 1984.

The Kestrel – a small falcon hovering in the air while spotting its prey on the ground - was often mistaken for a Hobby.

*The Hobby is a "supersonic" flyer who can catch swifts - and even dra-
gonflies – at full speed on the wing.*

Close-up of the fledgling Hobby from Grue.

The three all-encompassing encyclopaedias about birds published in Norway in the 20th century: Robert Collett, 1921: Norway's Birds (3 volumes), Herman Løvenskiold, 1948: Norway's Birds and Svein Haftorn, 1971: Norway's Birds!

Acknowledgements

As a conclusion to this book I would like to extend a special *Thank you* to three individuals who – in addition to my two brothers in arms in the Institute – contributed in a major way to add to and improve the results of the data collected, how it was presented to the public in the different scientific periodicals, and the creation of Gardjøen bird sanctuary.

First a thank you to my good friend Tore Sætre, who with his 100 cc Tempo Sprint motor bike carried us to the far outskirts of Grue to look at birds at all times of the year, and at all times of day and night. Once we even managed to crash with his bike, sliding along the road on a sheet of ice. If we had met an oncoming car – this book would never have been written............His observation of the Bar-tailed godwit at Gardsjøen lake in September of 1972 was the first observation ever of the species in the eastern, innermost parts of Norway.

Tore and Asbjørn in 1971.

A Tempo Sprint 100 cc.

My deepest gratitude to Tor Bollingmo, my class mate at the University of Trondheim at Rosenborg (which is now demolished) and the editor of Vår fuglefauna. He later became the head of the Association of Norwegian Nature Photographers and in 2013 released the ultimate, 300 page text book about Norwegian Bumble bees. His faith in me and his guidance during my struggle to produce two good articles about the Goshawk in Norway will never be forgotten. Whenever I wrote for VF, he improved the manuscript by proof reading and correcting (in his own words – turned my article into a bloodbath of red ink…) and put it on the fast track to be published. Thanks, Tor!

Tor Bollingmo in 1978.

Tor as a young ornithologist in Trondheim in 1969.

With his book about bumblebees in 2012.

One of the consultants who came to Gardsjøen lake – fresh out of university in 1973 - was Peter Johan Schei. Over the years he became a good friend who funnelled work my way for the summer seasons. He later advanced to become one of the most central figures in Norwegian international environmental politics, and Prime Minister Gro Harlem Brundtland's right hand man in policy- and decision making in regards to environmental issues. In 1982 he provided me with an exciting mission which, regrettably, I had to turn down. The Ministry of Environmental Protection was about to establish a permanent position for a ranger at the national park on the arctic islands of Spitzbergen, or Svalbard. 1982 was a "test season" to develop the position. I would be airlifted by helicopter between the different islands throughout the summer, making sure nobody made landfall, or hunted the polar bears. The sticking point was that Peter Johan needed someone to go by May 7, and I could not leave before July because of the work on my Master.

Peter Johan Schei.

The Norwegian University of Technical Sciences, the natural sciences department, when I enrolled as a student in September of 1974. The buildings have since been demolished, giving space for new housing.

The auditorium (1) where lectures were held for 80 chemistry students.

The main entrance (left), the physiology lab (1st floor, right) and the chemistry labs (2nd floor).

One of the research pavilions, with offices for university lecturers and post graduate students working on master degrees.

A view of the apartment buildings which replaced the south end of the university. #1 was the auditorium for lectures in chemistry, #2 was (first floor) lecture halls and laboratories while the second floor was offices and cafeteria. Professor Haftorn's office was on the second floor, facing the opposite side.

The apartment buildings which replaced the north end of the university.

Aerial view of the old university complex and the new apartment complexes. White and black lines indicate the same street. #2 was the south end of the university, #3 the north end with chemistry and biology laboratories. It seems like the entrance area has been left untouched (an X in a frame). New housing has also been built along the street – the two white arrows on the right are pointing to the same gavel, with a time lapse of about 30 years. The arrow A indicates my grandfather's residence, where he lived since moving to Trondheim in 1945.

Additional publications during the decade 1976 - 1986

I published other short notes and articles and released the paper about the Hobby in a local periodical as well as in FAUNA. Below is a list of those publications. Some of them were published in national periodicals, others in local periodicals.

1. 1977. Bird observations from Hedmark (condensing the Birds of Grue Municipality). *Fauna 30:* 168 – 175.
2. 1978. Nesting hole of Eurasian wryneck (two entrances). *Kornkråka 8*, 44-45.
3. 1978. Hoarding of Pygmy owl. *Vår fuglefauna 1*, 25.
4. 1978. Observations from Fokstua bird sanctuary (Oppland County) 1970. *Hujon 4*, 93-95.
5. 1978. Hoarding of Jay *Garrulus glandarius* and Magpie *Pica pica. Vår fuglefauna 1*, 30.
6. 1981. New records of Mandarin duck. *Vår fuglefauna 4*, 170.
7. 1983. Close nesting of Swallow *Hirundo rustica* and Spotted flycatcher *Muscicapa striata. Vår fuglefauna 6*, 50 – 51.
8. 1983. Birds at Liermosen bog, Aurskog-Høland municipality (Akershus County), 1981 and 1982. *Toppdykkern 6*, 4-9.
9. 1983. Bird observations from Sørum municipality (Akershus County). *Toppdykkern 6*, 33-37.
10. 1986. The Hobby in Norway. *Kornkråka 16(2)*, 62 – 73.

Credits for pictures according to page number.

Bestum, Ella: 139.
Bollingmo, Tor: 204.
Bonsak, Arild: 79.
Bråten, Rudolf: 49.
Brandt, Morten: 54.
Fosseidengen, Jan Erik: 10, 12, 21, 38, 46, 47, 117, 120, 128, 140, 171.
        180, 183.
Gjems, Sven R.: 77
Google earth: 16, 32. 213, 214, 215.
Johnsrud, Øystein: 15.
Kvesetberg, Erik: 143.
Nesholen, Birger: 25, 41, 62, 63, 70, 71, 73, 74, 75, 80, 87, 92, 114,
        118, 119, 165, 166, 172, 173, 181, 186, 188, 201.
Raaberget, Thorbjørn: 39, 43.
Skaraberget, Kjell: 50.
Stock photos: Front cover, 36, 54, 64, 65, 76, 81, 101, 128, 141, 159,
        199, 200.
Strømsmoen, Kjell: 136, 137.
Sætre, Tore: 17, 19, 20, 33, 34, 35, 84, 85, 103, 203.
Wikipedia.org.: 22, 37, 55, 56, 57, 58, 59, 60, 61, 62, 81, 83, 129, 144,
        163, 164.